HISTÓRIAS

Livro III - Talia

O livro é a porta que
se abre para a realização do homem.

Jair Lot Vieira

Heródoto

HISTÓRIAS

Livro III - Talia

Tradução, introdução e notas
Maria Aparecida de Oliveira Silva

Graduada em História. Mestre em História
Econômica e Doutora em História Social (USP)
Pós-Doutora em Estudos Literários (UNESP)
Pós-Doutora em Letras Clássicas (USP)

edipro

Grafia conforme o novo Acordo Ortográfico da Língua Portuguesa.

1ª edição 2017

Editores: Jair Lot Vieira e Maíra Lot Vieira Micales
Coordenação editorial: Fernanda Godoy Tarcinalli
Tradução: Maria Aparecida de Oliveira Silva
Revisão: Marcia Men
Diagramação: Karina Tenório
Capa: Marcela Badolatto | Studio Mandragora
Imagem da capa: Thalia, por Johann Heinrich Tischbein, 1771

Dados Internacionais de Catalogação na Publicação (CIP)
(Câmara Brasileira do Livro, SP, Brasil)

Heródoto, 484-425

Histórias: livro III, Talia / Heródoto ; tradução, introdução e notas Maria Aparecida de Oliveira Silva. – São Paulo : Edipro, 2017.

ISBN 978-85-521-0001-0

1. História antiga 2. Grécia - História I. Título

15-04668 CDD-930

Índice para catálogo sistemático:
1. História antiga : 930

EDITORA AFILIADA

edipro

São Paulo: (11) 3107-4788 • Bauru: (14) 3234-4121
www.edipro.com.br • edipro@edipro.com.br
@editoraedipro @editoraedipro

Sumário

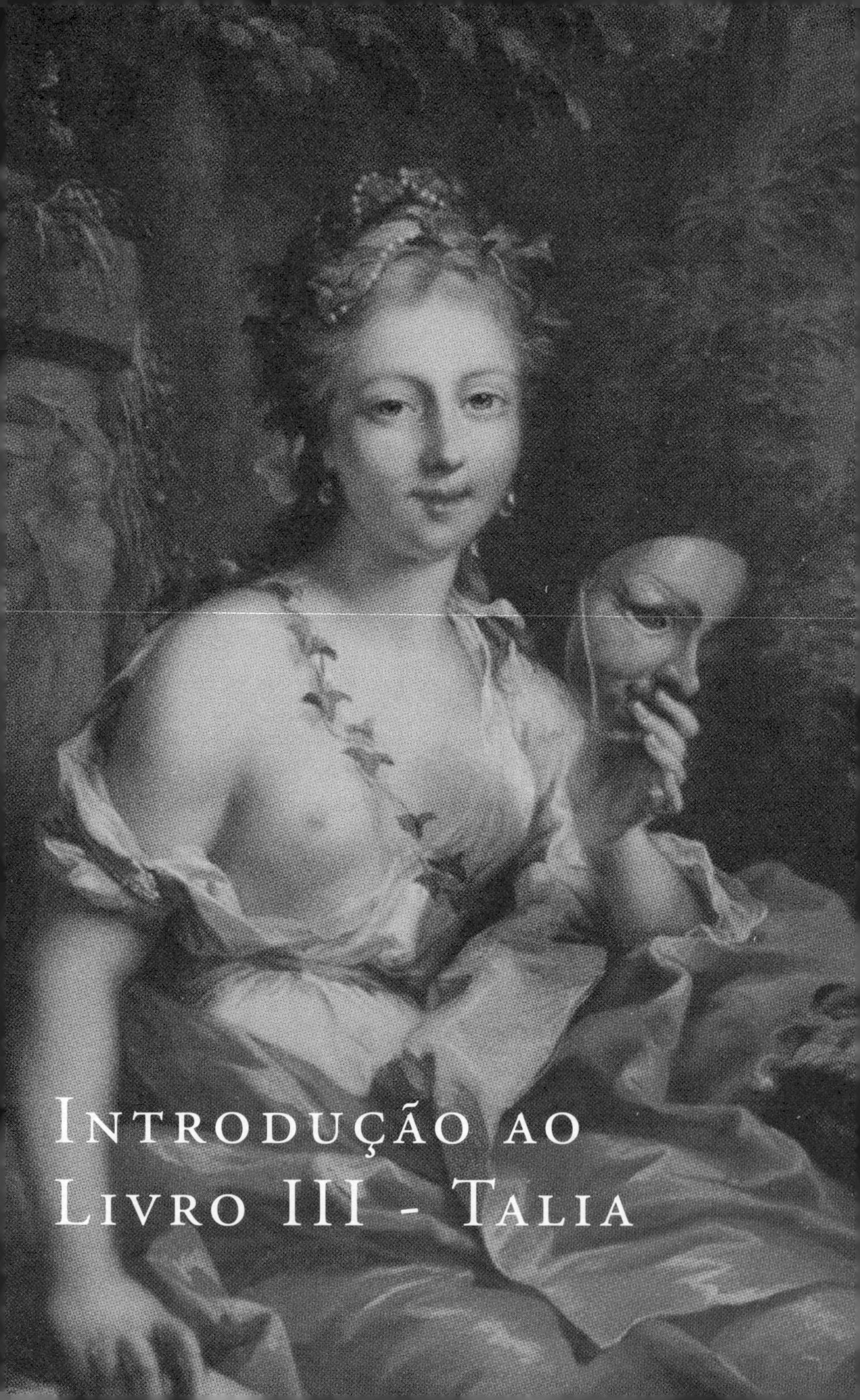

Introdução ao Livro III - Talia

I. O reinado de Cambises

Neste terceiro livro de suas *Histórias*, que recebe o nome da musa da comédia Talia, Heródoto conta a história da Pérsia com o relato de três momentos distintos do poderio do Império Persa. O primeiro momento, dos capítulos 1 ao 37, é um registro sobre a expansão do Império Persa movida pelas intenções de novas conquistas do rei persa Cambises II. Este ascendeu ao trono após a morte de seu pai, Ciro, rei da Pérsia entre 559-530 a.C., que recebeu o epíteto de "o Grande" por ter conquistado todos os territórios fronteiriços e ser o fundador do Império Aquemênida. De fato, Ciro construiu o maior império de seu tempo, conquistando a Lídia e as colônias iônias[1] da Ásia Menor, com a conquista da Iônia, da Cária e da Lícia[2]. Herdeiro de tamanho império, Cambises manteve o ímpeto conquistador de seu pai e seguiu em direção a novos territórios, sendo o Egito o primeiro deles. Conforme Heródoto, os persas interpretam a conquista do Egito como uma resposta de seu rei a um embuste de Amásis. O historiador nos conta que, na visão dos persas, Cambises tentou estabelecer laços de parentesco entre a Pérsia e o Egito e assim unir seus reinos, o que aparentemente foi aceito por Amásis, como os persas contam:

> havia a filha de seu antecessor Apriés, que era muito alta e bela, a única descendente da sua família, cujo nome era Nitétis. Então, Amásis enfeitou e vestiu essa menina com ouro e a enviou para os persas, como se fosse sua filha. Transcorrido algum tempo que ela havia sido recebida, quando Cambises chamou-a pelo nome do seu pai, a menina disse-lhe: "– Ó rei, não percebeste que foste

---

1. Colônias fundadas por diversas cidades da Hélade que formavam a conhecida Liga Iônica, composta por doze cidades: Mileto, Mios, Priene (na Cária), Éfeso, Cólofon, Lêbedo, Teos, Clazômenas e Foceia (na Lídia), e as ilhas de Quios, Éritras e Samos (no mar Egeu), conforme Heródoto apresenta em *Histórias*, I, 142. Cf. Heródoto. *Histórias. Livro I – Clio*. Tradução, introdução e notas Maria Aparecida de Oliveira Silva. São Paulo: Edipro, 2015.

2. As conquistas dos territórios da Lídia, da Iônia, da Cária e da Lícia são narradas por Heródoto no primeiro livro de suas *Histórias*, *op. cit.*

> enganado por Amásis, que me adornou e vestiu com ouro e depois me enviou para ti, como se tivesse entregando a sua própria filha em casamento, embora na verdade eu seja filha de Apriés, daquele que foi seu senhor deposto e assassinado por ele junto com os egípcios.". De fato, essa notícia e essa acusação vindas nessa fala levaram Cambises, filho de Ciro, profundamente irritado, a marchar contra o Egito. (*Histórias*, III, 1)

Em seguida, Heródoto apresenta a versão dos egípcios para a invasão persa:

> Mas os egípcios consideram Cambises um membro de sua comunidade, afirmando que ele nasceu dessa filha de Apriés; pois Ciro foi quem enviou um arauto à presença de Amásis para pedir sua filha em casamento, e não Cambises. Mas não contam corretamente quando dizem isso; eles não ignoram nada (pois se existem uns e outros que conhecem, os egípcios conhecem bem os costumes dos persas) que, em primeiro lugar, pela lei que eles têm, que não é possível a um bastardo reinar quando há um filho legítimo presente, além disso, que Cambises era filho de Cassandane, que era filha de Farnaspes, um homem Aquemênida, mas que não era de origem egípcia. Mas eles distorcem a história para que a família de Ciro tenha parentesco com as deles. (*Histórias*, III, 2)

Heródoto ainda registra um terceiro relato, bastante anedótico, que o próprio historiador julga sem consistência:

> E conta-se ainda a seguinte história, que eu mesmo não tenho como confiável, que uma das mulheres persas entrou no recinto das mulheres de Ciro, viu as crianças belas e altas que estavam próximas a Cassandane, e que em muito as elogiou porque tinha ficado admirada com elas, e que Cassandane, que era a mulher de Ciro, disse-lhe o seguinte: "– Embora eu seja a mãe destas crianças, Ciro me trata com desprezo, e trata com honra a que ele recebeu do Egito.". Como ela estava pesarosa por causa

> de Nitétis, ela disse isso, mas Cambises, um dos seus filhos, o mais velho, disse: "– É por isso, mãe, que quando eu me tornar um homem, revirarei alguns assuntos do Egito de cima para baixo e outros de baixo para cima.". (*Histórias*, III, 2)

Dentre os três relatos apresentados, encontramos diferentes narrativas que servem aos discursos das partes interessadas. Ao rei interessava afirmar que havia sido enganado por Amásis; já aos egípcios interessava mais a versão que contradiz o dito pelos persas, colocando-os na posição de traidores; e ao povo egípcio interessava destacar o poder de sedução das suas mulheres. Embora Heródoto nos apresente três narrativas distintas, o leitor/ouvinte percebe claramente a sua escolha narrativa quando o próprio autor coloca em dúvida o que registra. Na versão dos egípcios, o historiador afirma: "Mas eles distorcem a história para que a família de Ciro tenha parentesco com as deles", enquanto na versão popular, depreendida pela expressão "conta-se", Heródoto é mais direto ao afirmar "que eu mesmo não tenho como confiável". Iancu propõe que as informações obtidas sobre a expedição militar de Cambises contra o Egito não vieram somente dos sacerdotes egípcios, como Heródoto declara no início do segundo livro, mas também de filhos de mercenários gregos que serviram no exército de Cambises.[3]

Nenhuma ressalva, no entanto, é encontrada na versão que os persas apresentam. Notamos então um silêncio que legitima e demonstra a tendência herodotiana de aceitar o relato dos persas como o mais plausível dos três. E em seu relato, Cambises segue os passos de seu pai com seus planos imperialistas atacando a Etiópia e territórios vizinhos, desistindo de avançar contra Cartago. É interessante notar que já nesta época Cartago era uma cidade rica e intransponível, condição que sustentará até a sua queda no século II a.C. diante dos romanos.

Heródoto nos conta que Cambises, depois de ter ultrajado o deus egípcio Ápis, começou a enlouquecer e cometer desatinos:

---

3. Liviu Mihail Iancu, "Hdt. 3.11 – Punishment, Human sacrifice, Oath, *Symposium*? Ritual Group Cohesion", *Rivista Cicsa*, 9.1, 2015, p. 34.

> De fato, ao terminar a festa que havia entre os egípcios, os sacerdotes receberam suas punições, e Ápis morreu porque havia sido ferido na coxa e estirado no templo; e depois de Ápis ter morrido por causa do seu ferimento, os sacerdotes o enterraram às ocultas de Cambises. E Cambises, conforme dizem os egípcios, por causa desse ato injusto, logo enlouqueceu, mas já não estava muito sensato antes. E o primeiro ato terrível que realizou foi contra o seu irmão Esmérdis, que era seu irmão por parte de pai e de mãe, ele o mandou embora do Egito para a Pérsia, por inveja, porque Esmérdis era o único dentre os persas que envergava com seus dois dedos o arco, o que os ictiófagos trouxeram da Etiópia; e nenhum dos outros persas foi capaz de fazer isso. (*Histórias*, III, 29-30)

Com esses episódios, Heródoto alimenta a representação do outro, do persa, no imaginário grego relacionado ao conceito de bárbaro. García Sanchez destaca que o Oriente foi uma criação grega rapidamente difundida em fins do século VIII a.C. Assim, os persas entram na narrativa herodotiana como um dos representantes desses bárbaros que alimentarão o imaginário grego manifesto em *Os persas*, de Ésquilo, onde, segundo o autor, o tragediógrafo apresenta os persas como um povo voltado para a luxúria, lassidão, sentimentalismo em excesso, crueldade desenfreada, enfim, com as piores características possíveis; um povo marcado pelo excesso[4].

A nosso ver, Heródoto constrói uma narrativa comparativa entre os três maiores reis persas: Ciro, Cambises e Dario, como se fosse uma sequência de eunomia, anomia e nomia. A eunomia, que é a boa ordem por meio de boas leis, foi instituída por Ciro com sabedoria e magnanimidade, conforme depreendemos da narrativa herodotiana. Já a disnomia, que é a ausência de leis, surgiu com as ações intempestivas de Cambises e, principalmente, pelo

---

4. Manuel García Sánchez. *El gran rey de Persia: formas de representación de la alteridad persa en imaginario griego*. Barcelona: Publicacions i Edicions/Universitat de Barcelona, 2009. p. 42-43.

fratricídio. E a nomia, que é o uso da lei, foi adotada por Dario, que aparece como um rei que organiza seu império com leis específicas e pune duramente os que não as cumprem. Neste sentido, Heródoto afirma: "os persas dizem que Dario era um mercador, e que Cambises era um déspota, e que Ciro era um pai, porque um negociava todas as coisas, o outro era intratável e indiferente, e este porque era gentil e planejava com arte todas as coisas que lhes fossem boas" (III, 89).

Entendemos que Heródoto compara ainda a Hélade com a Pérsia, mas em proporções distintas, visto que sua Hélade se resume a Atenas quando se trata das formas de governo, da instituição e uso das leis[5]. É provável que Heródoto compare a época de eunomia de Ciro com o mítico reinado de Teseu: ambos unificaram povos com políticas comuns e pacifistas. Há outra semelhança entre eles: ambos são estrangeiros que se tornaram reis; Teseu era um trezeno que reinou sobre os atenienses, e Ciro era um meda[6] que reinou sobre os persas. A disnomia de Cambises pode ser associada ao período dos Psistrátidas, tiranos atenienses, em que as leis não eram observadas, apenas a vontade dos tiranos que reagiam violentamente aos seus opositores. Por fim, Dario, o mercador, pode ser relacionado a Sólon, que era comerciante; ambos organizaram seus povos para administrá-los politicamente por meio de leis, pelas quais não somente organizaram suas instituições, como ordenaram seus tributos e pagamentos. Talvez, como veremos no Livro VII destas *Histórias*, o autor relacione também as ambições expansionistas de Xerxes às de Péricles.

Não por acaso, no Livro III, após a comparação feita entre os três principais reis da Pérsia, pela primeira vez em sua narrativa, Heródoto

---

5. Sobre a influência da ideologia ateniense na escrita de Heródoto e Tucídides, consultar a tese de doutorado de Marek Wecowski, *"L'auxêsis d'Athènes": Heródote, Thucydide et um aspect de l'idéologie athénienne du Ve siècle*. Université de Varsovie et École des Hautes Études en Science Sociales, 2000.

6. A origem meda do rei Ciro é questionável. Cf. Rosaria M. Vignolo, "Who are Herodotus' persians?" *The Classical World*, v. 102, n. 4, 2009, p. 457-470.

registra fatos contemporâneos da Hélade. O episódio relatado trata da expedição militar dos lacedemônios contra Samos (capítulos 39-60), narrando episódios sobre Polícrates[7], as causas da guerra, a intervenção dos coríntios, o fracasso da expedição, a aristocracia que se aliou aos estrangeiros e foi expulsa pelo tirano Polícrates, e encerra seu relato sobre os sâmios descrevendo três obras grandiosas de sua cidade:

> realizaram as três obras mais grandiosas dentre todos os helenos: do cume de uma montanha com cento e cinquenta braças de altura, de lá até embaixo, iniciou a escavação de uma galeria subterrânea, de duas aberturas, uma de cada lado; o comprimento dessa galeria subterrânea é de sete estádios e sua largura e altura são de oito pés cada uma; por de toda essa galeria subterrânea foi escavada outra galeria subterrânea com a profundidade de vinte côvados, e a sua largura é de três pés, através da qual a água, que era proveniente de uma grande fonte, era conduzida por canais construídos ao lado da galeria e levada até a cidade; o arquiteto dessa galeria subterrânea foi o megarense Eupalinos, filho de Naustrofo. De fato, esta é uma das três obras; a segunda trata-se de uma parede construída no mar que circunda o porto, sua profundidade é de vinte braças, e o comprimento da parede é maior que dois estádios. E a terceira obra dos sâmios é a construção de um santuário maior do que todos os santuários que nós vimos, cujo o primeiro dos seus arquitetos foi Reco, filho de Fileu, um homem nascido na região. (*Histórias*, III, 60)

A ilha de Samos foi colonizada pelos helenos da Iônia; é provável que Heródoto registre estas obras para fazer frente às muitas já descritas em seus dois livros anteriores e realizadas por bárbaros, como os canais egípcios e babilônios, por exemplo. Outro aspecto que pode

---

7. A disputa de poder entre Polícrates e seus irmãos é analisada em profundidade neste artigo: Emily Katz Anhalt, "Polycrates and his brothers: Herodotus' Depiction of Fraternal Relationships in the Histories", *The Classical World*, v. 98, n. 2, 2005, p. 139-152.

ser considerado é a demonstração do aprendizado dos helenos com os bárbaros; não apenas os helenos trouxeram parte expressiva de suas práticas religiosas do Egito e regiões próximas[8], como também aprenderam técnicas novas de construção de canais e galerias capazes de garantir o abastecimento de água da cidade, e ainda servir de rota de fuga em caso de invasão inimiga. Após ter analisado os parcos dados biográficos que dispomos de Heródoto, Irwin ressalta o valor afetivo que Samos tem para Heródoto, devido ao fato de o historiador ter sido recebido em Samos durante sua peregrinação pós-exílio de Halicarnasso até Túrio, a cidade que ajudou a fundar[9].

II. Os magos no poder

O segundo momento da história da Pérsia narrada neste livro é a tomada do poder pelos magos persas liderados por Esmérdis, narrada dos capítulos 61 ao 87. Então Heródoto detalha os planos e as ações tramadas por dois magos para ocupar o trono persa após a morte de Cambises:

> E, quando Cambises, filho de Ciro, passava o seu tempo no Egito e se mostrava fora de si, dois irmãos,

---

8. Heródoto afirma que vários deuses cultuados pelos helenos têm sua origem no Egito e que alguns deles ainda são cultuados por povos vizinhos. Vejamos, por exemplo, o que o historiador afirma sobre Dioniso: "E Dioniso é o único dentre os deuses, também a Urânia, que os árabes seguem, eles dizem que cortam as madeixas dos cabelos, do mesmo modo que Dioniso corta; cortam em volta de suas cabeças e raspam as têmporas. E eles dão o nome de Orotalt a Dioniso, enquanto a Urânia é nomeada Alilat." (*Histórias*, II, 8) e ainda: "os que colonizaram a sagrada Nisa e realizavam festividades em honra de Dioniso; esses etíopes e os seus vizinhos tinham seus espermas da mesma natureza, também os indianos calantias, construíram suas habitações embaixo da terra; ambos esses povos a cada dois anos levavam, e ainda levam até a minha época, duas quênices de ouro em seu estado natural, duzentos troncos de ébano, cinco meninos etíopes e vinte presas grandes de elefante." (*Histórias*, II, 97). In: Heródoto. *Histórias. Livro II – Euterpe*. Tradução, introdução e notas Maria Aparecida de Oliveira Silva. São Paulo: Edipro, 2016.

9. Elizabeth Irwin, "Herodotus and Samos: Personal or Political?", *The Classical World*, v. 102, n. 4, 2009, p. 395-396.

> homens que eram magos, organizaram uma revolta contra ele, Cambises deixou um deles na Pérsia para ser o seu supervisor dos assuntos palacianos. Portanto, esse revoltoso sabia que a morte de Esmérdis havia sido ocultada pelo rei, e que eram poucos os persas que sabiam disso, e que a maioria imaginava que ele estivesse vivo. Diante disso, depois de esse mago ter deliberado sobre esses acontecimentos, ele se apossou dos poderes régios da maneira que se segue. Ele tinha um irmão, como eu disse, que estava com ele na revolta, que era muito parecido com a figura de Esmérdis, filho de Ciro e irmão de Cambises, o que o rei havia matado; e, além disso, ele tinha o mesmo nome: Esmérdis. Depois que de o mago Patizites ter convencido esse homem de que ele próprio executaria todas as ações necessárias para o seu plano, ele o conduziu até o trono real. Depois de ter feito isso, Patizites enviou arautos para todo o território persa, também para o Egito, para anunciar ao exército que doravante deveria escutar as ordens de Esmérdis, filho de Ciro, não mais as de Cambises. (*Histórias*, III, 61)

Apesar de o plano de Cambises ter resultado em sua ascensão ao trono, Heródoto narra que o rei em seus últimos dias de vida se mostrava profundamente arrependido pelo assassinato de seu irmão Esmérdis. Percebemos então na narrativa herodotiana que a loucura de Cambises também o conduziu a um tipo de lucidez que lhe permitiu distinguir o certo do errado, e assim arrepender-se de ter cometido fratricídio. Com a morte do rei, o falso Esmérdis assume o trono, mas logo Otanes, filho de Farnaspes, um descendente da família Aquemênida, passa a desconfiar do novo rei em razão de suas atitudes. Em seguida, uma revolta contra Esmérdis é organizada por Dario e mais seis amigos fieis, conhecidos como o grupo dos sete, que matam os dois magos. Heródoto então surpreende seu leitor/ouvinte com um debate sobre a melhor forma de governo (capítulos 80-82), que se inicia assim:

> Otanes ordenou em público que os assuntos administrativos fossem colocados à disposição dos persas, dizendo as seguintes palavras: "– Eu penso que nenhum de nós deve mais se tornar rei; pois não é agradável nem bom. Pois vistes em que ponto chegou a insolência de Cambises, e ainda tivestes parte da insolência dos magos. Como o governo de um só poderia ser uma coisa bem ajustada, na qual é permitido ao governante, sem que seja responsabilizado, fazer o que quiser?" (*Histórias*, III, 80)

Mais uma vez, Heródoto reproduz um pensamento corrente na Hélade de que a monarquia (μουναρχίη) (*mounarkhíē*), isto é, "o governo de um só", representa um mal para a sociedade. Convém ressaltar que Heródoto descreve o monarca ou o rei como se fosse um tirano; do mesmo modo, a tirania era condenada pelos helenos do período clássico, por ser um governo violento e à parte das leis. Heródoto grafa μούναρχον (*moúnarkhon*), mas entendemos que o substantivo "rei" insere-se melhor neste contexto. O termo grego é μουναρχίη (*mounarkhíē*), ou seja, "monarquia", que significa "o governo de um só", definição que optamos usar em nossa tradução. E a pergunta colocada por Otanes é feita de modo retórico, visto que ele mesmo responde o seguinte:

> De fato, o melhor dentre todos os homens que for colocado neste poder, ele se posicionará fora dos seus costumes habituais. Pois a sua insolência origina-se pelas riquezas presentes ao seu alcance, e ainda a inveja, que é natural neste homem desde o seu nascimento. E, com essas duas, possui toda maldade; umas por insolência, outras por inveja, para saciar-se, ele comete muitos atos violentos. (*Histórias*, III, 80)

Heródoto revela sua visão de que o poder é algo que naturalmente corrompe quem o exerce sozinho e por tempo indeterminado – assim, este deve ser compartilhado e por um determinado tempo. Tal pensamento se fortalece com esta argumentação de Otanes:

> Todavia, o tirano poderia ser um homem sem inveja, porque certamente tem todos os bens; mas, por natureza, faz o contrário com seus concidadãos; pois sente inveja dos que são os melhores, porque lhe são superiores em classe e ainda quanto ao modo como vivem, mas se alegra com os que são os piores dentre os cidadãos, e ele é o melhor para acolher as calúnias. E o tirano é o mais dissonante de todos; pois se o admiras com comedimento, ele fica irritado porque não foi muito servil, mas se alguém o trata de modo muito servil, ele fica irritado porque age como um bajulador. Então, ainda vou dizer quais são os seus atos mais dissonantes; ele subverte os costumes dos ancestrais, trata as mulheres com violência e mata pessoas sem serem julgadas. (*Histórias*, III, 80)

Percebemos que Heródoto coloca o monarca e o tirano no mesmo plano. Como vimos um pouco acima, ele usa o termo μούναρχον (*moúnarkhon*), ou monarca; já neste trecho, utiliza o termo τύραννον (*týrannon*), ou seja, "tirano". Tal confusão conceitual já ocorreu no caso em que Heródoto utiliza o termo *týrannos* (τύραννος), habitualmente traduzido por tirano, porque indica uma soberania no exercício do poder. O historiador atribui o título a Creso tendo como modelo a tirania, o regime político dos helenos anterior ao recente governo democrático que ele vivencia. No entanto, notamos que Heródoto se serve também do vocábulo *basileùs* (βασιλεὺς), que significa rei, para referir-se aos soberanos persas. Por exemplo, no *Livro I*, capítulo 7, ele afirma que Candaules era "tirano dos sardianos", *týrannos Sardíōn* (τύραννος Σαρδίων), já no final desse mesmo capítulo, relata que Candaules foi o último "rei dos Heráclidas", *Herakleidéōn basileús,* (Ἡρακλειδέων βασιλεύς). Em razão disso, optamos por traduzir μούναρχον (*moúnarkhon*) por "rei" no trecho anterior[10].

---

10. Para ampliar o debate sobre as formas de governo pensadas por Heródoto e sua relação com o regime democrático ateniense, consultar: Richard Myers, "La Démocratie chez Hérodote: une étude du débat sur les régimes", *Canadian Journal of Political Science / Revue canadienne de science politique*, v. 24, n. 3, 1991, p. 541-555.

O pensamento democrático que prevalece na Atenas de seu tempo encontra seu lugar de expressão na continuação do discurso de Otanes:

> E o governo do povo, em primeiro lugar, recebe o mais belo de todos os nomes: isonomia. Em segundo lugar, aquele que governa sozinho não faz nada dessas coisas ruins; pois os cargos são ocupados por sorteio, e quem ocupa o poder é responsável pela própria gestão, e todas as deliberações são levadas para a comunidade. Portanto, coloco a minha opinião para que nós abandonemos o governo de um só e o elevemos ao povo; pois o todo está na maioria. (*Histórias*, III, 80)

A palavra ἰσονομία (*isonomía*) nasceu primeiro no contexto médico, com o significado de "equilíbrio". Alcméon de Crotona, um médico e filósofo pré-socrático do início do século V a.C., que em um dos seus fragmentos compilados por Aécio (Livro V, 30,1) afirma que "a saúde consistia num estado de equilíbrio (ἰσονομία/*isonomía*) dos elementos do corpo". Tal conceito foi amplamente discutido pela filosofia sob a perspectiva do equilíbrio da privação e da necessidade. No campo político, o termo ἰσονομία (*isonomia*) traz o significado de igualdade de direitos civis e políticos, que alimenta o conceito de democracia, especialmente em Atenas. Embora Heródoto não utilize o termo democracia, ele afirma que a ἰσονομία (*isonomia*) é típica de um "Πλῆθος δὲ ἄρχον" (*Plḗthos dè árkhon*), que traduzimos por "governo do povo", o que nos remete à noção de democracia[11]. Depois de vários argumentos em torno de outras formas de governo, Otanes retira-se da discussão, e os seis restantes decidem entregar o poder a Dario.

---

11. Evans afirma que as categorias de pensamento herodotiana sobre as formas de governo seguem o pensamento filosófico da Atenas de seu tempo. Cf. J. Evans, "Notes on the Debate of the Persian Grandees in Herodotus 3, 80-82", Quaderni Urbinati di Cultura Classica, v. 7, 1981, p. 80.

III. O reinado de Dario

O reinado de Dario constitui o terceiro momento da história da Pérsia narrada por Heródoto neste livro. Os primeiros relatos herodotianos dão conta das ações de Dario para organizar o seu império, dividindo-o em regiões e estipulando tributos conforme a riqueza de cada uma delas. Enquanto Heródoto detalha a organização de Dario, ele também traz informações sobre a etnografia desses territórios, fornece dados geográficos sobre a região, e como de hábito, descreve os monumentos mais imponentes de cada povo que compõe o novo Império Persa comandado pelo rei[12]. O historiador segue seu relato apresentando as satrapias persas:

> instituiu vinte províncias entre os persas, as quais denominou satrapias; quando Dario terminou de instituir as satrapias e de estabelecer seus respectivos governadores, ordenou a cada um dos seus povos que lhe pagassem tributos, dispondo os habitantes dos territórios mais próximos para junto dos seus povos, e reunindo os que habitavam próximos aos povos colocando para habitarem uns com os outros. E ainda ordenou os governantes e o recebimento anual dos tributos. (*Histórias*, III, 89)

Depois Heródoto pontua cada satrapia e o respectivo valor do tributo estipulado por Dario. O poder persa exercido por meio de seus sátrapas inspira Tuplin tanto a afirmar como a indagar: "The Persians ruled the world. But how did they manage that world?", ou seja, "Os persas dominaram o mundo. Mas como eles administraram este mundo?". O autor nos responde com o afirmado por Xenofonte em sua Ciropedia: que os sátrapas eram homens que representavam o Grande Rei. No entanto, Tuplin questiona a

---

12. As descrições dos monumentos como uma característica literária helena são analisadas por Armayor, tendo como estudo de caso os dos persas. Cf. O. Kimball Armayor, "Herodotus' Catalogues of the Persian Empire in the light of the monuments and the greek literary tradition", *Transactions of the American Philological Association*, v. 108, 1978, p. 1-9.

narrativa herodotiana que acentua apenas o aspecto militar deste tipo de administração, o que, a seu ver, reduz a influência ideológica exercida pelos sátrapas nos territórios administrados. O autor argumenta que entre os sátrapas havia os que não eram militares, mas civis que exerciam influência política em suas regiões. Assim, o domínio persa não se dava somente pela potência do seu exército, mas também pela estrutura burocrática-administrativa e a existência de um suporte ideológico dados por seus sátrapas.[13]

A nova organização do Império Persa é analisada comparativamente com as formas de administração dos reis Ciro e Cambises. Dessa maneira, nosso autor tece uma comparação entre os três reis mais famosos do Egito quanto ao seu modo de cobrar tributos dos povos conquistados:

> Pois, na época em que Ciro governava e novamente na de Cambises, não existia nenhum imposto instituído a respeito disso, mas pagava-se com presentes. Por causa dessa ordenação do tributo e de outras semelhantes a essa, os persas dizem que Dario era um mercador, e que Cambises era um déspota, e que Ciro era um pai, porque um negociava todas as coisas, o outro era intratável e indiferente, e este porque era gentil e planejava com arte todas as coisas que fossem boas para eles. (*Histórias*, III, 89)

O caráter mercante de Dario estendeu-se a outros territórios conquistados, como as regiões fronteiriças com a parte Ocidental do seu império e os povos que habitavam na planície do rio Aces, sobre a qual Heródoto registra:

---

13. Christopher Tuplin, "Managing the world. Herodotus on Achaemenid Imperial Organisation". In: Herausgegeben von. Edited by Robert Rollinger, Brigitte Truschnegg, Reinhold Bichler. *Herodot und das Persische Weltreich / Herodotus and the Persian Empire. Akten des 3. Internationalen Kolloquiums zum Thema Vorderasien im Spannungsfeld klassischer und altorientalischer Überlieferungen. Innsbruck, 24-28. November 2008*. Wiesbaden: Harrassowitz Verlag, 2011. p. 39-42.

> E existe uma planície na Ásia que é cercada por uma cadeia de montanhas por todos os lados, e nessa cadeia de montanhas existem cinco precipícios; e essa planície foi outrora dos corásmios, porque já estavam habitando nessas montanhas os próprios corásmios, os hircânios, os partos, os sarangas e os tamaneus; mas isso foi depois que os persas obtiveram o poder, que é exclusivo do seu rei. A partir dessa cadeia de montanhas que circunda seu território, corre um grande rio, cujo nome é Aces. (*Histórias*, III, 117)

E Heródoto narra que Dario desviou o curso do rio para as cidades dominadas, deixando a população ribeirinha sem água e sem condições de prosseguir com o cultivo do painço e do sésamo, levando uma situação de miséria a esses povos. Em sua descrição sobre os territórios conquistados pelos persas, Heródoto registra características culturais e topográficas dos territórios próximos aos confins do Império Persa, mas que não estavam sob o seu domínio: Índia, Arábia e Etiópia. De acordo com Wecowisk, o estilo narrativo de Heródoto segue o princípio da πολυμαθίη (*polymathíē*)[14], alcançar o "grande saber", e esta busca pela polimatia leva nosso autor à compilação de um volume expressivo de informações sobre povos desconhecidos, ampliando o seu conhecimento do mundo e permitindo-lhe que tenha uma visão de mundo mais variada.

Findo o relato sobre a organização dos territórios conquistados, nosso autor passa a registrar alguns problemas de ordem político-administrativo, como a insolência de Intarfernes. Entretanto, a insolência de Oretes era a que mais atingira Dario, pois ele havia matado Polícrates, o tirano de Samos, e dominado essa cidade, conforme este discurso do rei aos persas mais ilustres:

---

14. M. Wecowski, "The Hedgehog and the Fox: form and meaning in the Prologue of Herodotus", *Journal of Hellenic Studies*, 124, 2004, p. 144. O autor faz referência em seu título a um fragmento de Arquíloco que foi estudado neste artigo: Paula da C. Corrêa, "The Fox and the Hedgehog", *Phaos*, n. 1, 2001, p. 81-92.

> "– Persas, quem dentre vós executaria o que fosse proposto por mim, com sabedoria, não com violência e com uma numerosa tropa? Pois, nesse momento, é necessário ter sabedoria, e que não haja nenhuma ação violenta. Então, quem dentre vós ou assassinaria Oretes, ou o traria vivo para mim? Porque ele não teve utilidade alguma para os persas, mas fez-lhes muitos males; ele assassinou dois de nossos cidadãos, Mitrobates e seu filho, e ainda matou os que foram enviados por mim para convocá-lo a retornar à minha presença, demonstrando uma insolência que não é tolerável. Portanto, antes que faça algum mal aos persas, nós devemos impedi-lo com a sua morte." (*Histórias*, III, 127)

Desse modo, Dario e os aristocratas persas infligem uma fragorosa derrota a Oretes que culmina com a sua morte. Encerrado o episódio com Oretes, Heródoto conta que novo rei da Pérsia, incentivado por sua esposa Atossa, considera invadir a Hélade:

> E Dario disse-lhe em resposta: "– Mulher, visto que assim te parece melhor, nós primeiro vamos fazer uma experiência com a Hélade; parece-me melhor que primeiro enviemos observadores com o mesmo homem que do mesmo modo que tu disseste para enviá-los, porque depois de terem apreendido e observado cada um dos territórios, eles irão informar-nos a respeito de tudo; e em seguida, marcharei contra eles informado sobre tudo." (*Histórias*, III, 134)

Por isso Dario envia Democedes a Hélade para que espione o seu território, quando Heródoto inicia seu relato sobre as aventuras de Democedes na Hélade até o capítulo 138. Então nosso autor retoma a história sobre a conquista de Samos e introduz uma nova personagem em seu relato:

> Para esse Silosonte aconteceu um episódio de boa sorte, que é o seguinte. Após ter pegado um manto leve e trajado a rubra peça, foi passear na ágora de Mênfis.

> E quando o viu, Dario era um lanceiro da guarda pessoal de Cambises e um homem de quem ninguém falava muito. Mas Silosonte, ao ver Dario com grande desejo de ter seu manto leve, servindo-se da sua divina sorte, disse-lhe: "Eu não vendo este manto por dinheiro algum, mas eu lhe dou por nada, se é verdade que isso deve ser absolutamente assim." E, depois de ter elogiado suas palavras, Dario levou consigo o manto. (*Histórias*, III, 139)

Transcorridos alguns anos, Dario retorna como rei e conquista Samos. Quando Silosonte descobre que aquele homem a quem dera seu manto leve havia se tornado rei, rapidamente vai ao palácio de Dario para pedir retribuição por seu ato de bondade quando o rei era apenas um homem comum. Tendo se apresentado diante de Dario e lhe contado sobre o manto, o rei disse-lhe: "Como compensação por seu ato, dou-lhe incontável ouro e prata, para que não te arrependas um dia de ter feito bem a Dario, filho de Histaspes." Mas o seu benfeitor tinha em mente obter outra coisa:

> Diante dessas palavras, Silosonte disse-lhe: "Ó rei, não me dês ouro nem prata, mas recupera de volta e devolva-me a minha pátria Samos, na qual agora, desde que meu irmão Polícrates foi assassinado por Oretes, manda um escravo nosso, dá-me a cidade sem morte nem escravidão." Após ter ouvido essas palavras, Dario enviou um exército e o estratego Otanes, que era um dos sete homens, ordenando-lhe que executasse com perfeição tudo que Silosonte lhe pedisse. (*Histórias*, III, 140-141)

E assim, segundo Heródoto, Silosonte instituiu sua tirania em Samos, o que revela o poder local de Dario, a ponto de estabelecer o tirano que lhe fosse conveniente. Resolvida a questão com os sâmios, Dario enfrenta a revolta da Babilônia, que somente após muitos anos consegue conter com a seguinte intervenção ardilosa de Zópiro:

> Então, ele não concebeu nenhum outro expediente com o qual fosse capaz de executar seu feito e fazer a situação estar sob o seu comando, a não ser que ele se mutilasse e desertasse para o lado dos babilônios. Nesse momento, pensando que fosse um gesto fácil de suportar, mutilou-se em flagelo de modo irreparável; pois cortou seu próprio nariz, orelhas, também raspou terrivelmente a sua cabeleira e açoitou-se com chicote, e foi para a corte de Dario. (*Histórias*, III, 154)

Horrorizado com a atitude de Zópiro, o rei persa não entende as razões de sua automutilação e pede explicações, e eis a resposta recebida: "Pois eu, como estou, passarei para o outro campo do muro e direi aos babilônios que, por tua causa, eu sofri estas mutilações; também penso que, se eu os persuadir que as coisas foram desse modo, eles prepararão um exército para mim." E Zópiro instrui Dario sobre como proceder depois que ele estivesse dentro da cidade da Babilônia para que eles simulassem batalhas em que o rei persa fosse aparentemente derrotado, e desse modo Zópiro pudesse conquistar a confiança dos babilônios. O sucesso dos planos de Zópiro garantiu a retomada da Babilônia que o historiador assim narra:

> Então, a Babilônia foi capturada assim pela segunda vez. E logo em seguida, Dario dominou os babilônios, derrubou a muralha deles e arrancou todas as suas portas (pois, durante a primeira vez, quando Ciro capturou a Babilônia, ele não fez nenhuma dessas coisas), e Dario mandou empalar os três mil homens mais importantes da cidade; depois entregou a cidade para os que restaram habitar. Como os babilônios deveriam ter mulheres, a fim de que suas linhagens tivessem sucessores, porque Dario tinha feito as coisas que já foram vistas antes (pois, como também foi indicado no início, os babilônios asfixiaram suas mulheres tendo em vista a sua escassez de víveres); e ele ordenando que mulheres dos povos vizinhos fossem enviadas para a Babilônia para lá se estabelecerem,

> determinando quantas cada um deles deveria enviar, de modo que reuniu um total de cinquenta mil mulheres. E dessas mulheres, descendem os babilônios de agora. (*Histórias*, III, 159)

Talvez Ciro não tenha tocado nas portas da muralha da Babilônia por respeito à religiosidade do seu povo, por ter interesse em dominar uma cidade intacta e também porque dependia dos tributos que cobrava de cada cidade dominada, e a destruição de sua estrutura a impediria de produzir e, assim, de pagá-los. O ato de Dario expressa um profundo desrespeito pelos deuses, o que é passível da vingança divina e da ira de seus habitantes. Embora Heródoto não tenha dado esse caráter religioso às portas ao associar seus nomes aos dos territórios da região, todos os nomes das portas estavam relacionados a uma divindade específica. E com a vitória de Dario sobre os babilônios, Heródoto encerra o terceiro livro de suas *Histórias*.

IV. Da tradução

Esta edição de *Histórias* está dividida em nove volumes não apenas pela extensão dos livros de Heródoto, que por si só justificariam uma edição em volumes, mas por conta desta tradução trazer notas explicativas que contemplam várias áreas do conhecimento, pois anotam questões literárias, míticas, históricas, geográficas e filológicas. A principal finalidade dessas notas é aproximar o leitor da narrativa de Heródoto, colocando-o em um posto confortável, para que sua atenção não seja dispersa com a consulta constante a uma literatura de apoio e ainda lhe propicie um entendimento maior e mais rápido do que está sendo lido.

A tradução deste *Livro III – Talia* foi realizada direto do texto grego, cuja estrutura sintática buscamos preservar na medida do possível em língua portuguesa. Do mesmo modo, procuramos manter o estilo discursivo de Heródoto, a fim de que o leitor conheça não somente o seu modo de expressão mas também de pensar. A tradução de *Histórias*, apresentada nestes nove volumes, tem como texto-base a *Coleção Guilhaume Budé*, com tradução, introdução e notas de Ph. E. Legrand: Hérodote. *Histoires*, v. 1, Paris: Les Belles Lettres, 1932 (repr. 1:1970).

Maria Aparecida de Oliveira Silva

Graduada em História,
Mestre em História Econômica
e Doutora em História Social (USP)
Pós-Doutora em Estudos Literários (UNESP)
Pós-Doutora em Letras Clássicas (USP)

Livro III

1. De fato, Cambises[15], filho de Ciro[16], realizou uma expedição militar[17] contra esse Amásis[18], levando consigo os outros helenos que ele governava, iônios e eólios, pelo seguinte motivo: Cambises

---

15. Filho de Ciro, Cambises foi rei da Pérsia entre 530 e 522 a.C. e tornou-se notável por ter conquistado o Egito. Conforme veremos mais adiante, Heródoto relata que, depois da conquista do Egito, Cambises começou a demonstrar insanidade mental, o que os egípcios consideraram um castigo divino pelos atos impiedosos contra a sua religião. Além disso, mandou matar seu irmão Esmérdis por medo de ser destronado por ele. No entanto, o seu ardil não funcionou porque um mago ocupou o seu lugar, fingindo ser seu irmão, e quando Cambises foi combatê-lo para reaver seu poder, morreu ferido na coxa em seu retorno a Pérsia.

16. Rei da Pérsia entre 559-530 a.C., recebeu o epíteto de o Grande por ter conquistado todos os povos vizinhos e fundado o Império Aquemênida, o maior de seu tempo.

17. Heródoto narra parte da guerra de Cambises contra o Egito já no *Livro II*, capítulos 162 e 163. O historiador relata como Amásis tornou-se o rei do Egito, e inicia os referidos capítulos narrando que: "E quando Apriés foi informado sobre esses acontecimentos, enviou Amásis para colocar termo nas insatisfações deles com seus argumentos. Mas quando ele chegou, conteve os egípcios para que não fizessem isso; enquanto discursava, um dos egípcios, que estava em pé atrás dele, colocou o capacete sobre a sua cabeça e disse que lhe conferia a realeza. E ele não teve qualquer má vontade quanto ao que foi feito, como isso ficou manifesto; portanto, após os que haviam se revoltado o declararam como rei dos egípcios, ele se preparou para marchar contra Apriés." (*Histórias*, II, 162). Tradução Maria Aparecida de Oliveira Silva. In: *Op. cit.* Amásis impediu a invasão babilônica no Egito, expulsando o rei Nabucodonosor de seu território. Também concedeu privilégios aos helenos da cidade de Náucratis, o que demonstra suas boas relações com eles, além de ter escolhido uma esposa de origem helena, Ladice de Cirene, conforme relata Heródoto no *Livro II*, capítulos 180-181.

18. Faraó egípcio, 570-526 a.C., nasceu em Sais, região do Baixo Egito. Amásis estimulou os helenos a se instalarem no Egito, em Náucratis. Heródoto narra que: "Amásis tornou-se um amigo dos helenos e outras coisas que ele ofereceu a alguns helenos, além disso, concedeu permissão àqueles que vinham para o Egito para morar na cidade de Náucratis; e àqueles que não queriam morar nessa cidade, mas que navegavam para lá, ele concedeu territórios para que eles erigissem altares e santuários em honra aos deuses. Então o principal, o mais renomado e o mais consultado santuário deles era o chamado Helênion, e as cidades que realizaram suas construções em comum são as seguintes: dentre as que eram iônias, Quios, Teos, Foceia e Clazômenas; dentre as dóricas estão Rodes, Cnido, Halicarnasso, e Fasélis, enquanto dentre as eólicas, a única é a cidade de Mitilene." (*Histórias*, II, 178).

enviou um arauto ao Egito[19] para que pedisse a filha de Amásis em casamento, e fez esse pedido por causa de um conselho recebido de um homem egípcio, e ele fez isso, uma vez que estava descontente com Amásis, porque dentre todos os médicos que existiam no Egito[20] Amásis escolheu para Ciro o que o aconselhou a ir para a Pérsia[21], separando-o da sua mulher e dos seus filhos, quando

---

Tradução Maria Aparecida de Oliveira Silva. In: *Op. cit.* Φιλέλλην (*philéllēn*), este é o termo que Heródoto utiliza para se referir a Amásis; convém ressaltar que é a primeira vez que encontramos esse vocábulo no texto de Heródoto. Igualmente é interessante notar que, na crítica que Plutarco faz à narrativa herodotiana, o autor utiliza o termo φιλοβάρβαρος (*philobárbaros*) que significa "filobárbaro" ou "amigo do bárbaro" para caracterizar Heródoto em seu tratado *Da malícia de Heródoto*, 857A. Salientamos ainda que Plutarco registra esse termo justamente no momento em que começa a tecer suas críticas a Heródoto, pelas suas interpretações e afirmações sobre o contato dos helenos com os egípcios, nas quais enfatiza a influência decisiva dos egípcios na cultura helena.

19. Império situado no norte da África, estima-se que tenha sido fundado em 3.150 a.C. pelo rei Menes. O contato entre helenos e egípcios é atestado por relatos de viagens feitas pelos seus sábios a terra dos faraós, como Tales de Mileto, Pitágoras e outros, no século VII a.C. Mas o intercâmbio cultural e econômico entre helenos e egípcios foi intensificado somente após a conquista de Alexandre, o Grande, em 332 a.C., e mais tarde com a tomada do poder por Ptolomeu e seus descendentes.

20. A medicina praticada no Egito aparece nos registros mais antigos datados de 33 a.C., no conhecido papiro de Edwin Smith, o que revela o quanto sua prática era milenar. Assim, na Antiguidade, a medicina egípcia era respeitada pelo conhecimento acumulado por seus médicos, o que fez deles os mais exímios e confiáveis do mundo antigo, tanto pelas suas técnicas cirúrgicas apuradas como pela eficácia de seus remédios e pelas formas de seus tratamentos e diagnósticos. A afamada medicina egípcia já é cantada nos versos homéricos: "Outro feliz parecer teve Helena, de Zeus oriunda:/ deita uma droga no vaso do vinho que serviam,/ que tira a cólera e a dor, assim como a lembrança dos males./ Quem quer que dela provasse, uma vez na cratera lançada,/ não poderia chorar, pelo menos no prazo de um dia,/ mesmo que o pai e a mãe cara privados da vida ali visse,/ ainda que em sua presença, com o bronze cruel, lhe matassem/ o filho amado ou o irmão e que tudo ele próprio assistisse./ Tão eficazes remédios a filha de Zeus possuía/ e salutares, presente da esposa de Tão, Polidamna,/ da terra egípcia, onde o solo frutífero gera abundantes/ drogas, algumas benéficas, outras fatais nos efeitos./ Todos os homens são médicos lá, distinguindo-se muito,/ pelo saber, dos demais, pois descendem da raça de Péone." (*Odisseia*, IV, 219-232). Tradução Carlos Alberto Nunes. In: Homero. *Odisseia*. Introdução e tradução Carlos Alberto Nunes. 4. ed. São Paulo: Edições Melhoramentos, 1962.

21. Império que geograficamente corresponde ao atual Irã.

Ciro havia pedido a Amásis que lhe enviasse um médico especialista em olhos, e que fosse o melhor dentre os que existissem no Egito. De fato, porque o egípcio tinha essa queixa dele, ele o persuadiu com esse conselho orientando Cambises a pedir a filha de Amásis em casamento, a fim de que Cambises ficasse aborrecido se ele a desse em casamento ou ficasse irritado com ele se não desse. E Amásis estava aflito e apreensivo com o poder dos persas e não sabia se dava ou se recusava; pois estava bem ciente de que Cambises não tinha a intenção de tê-la como mulher, mas como concubina. De fato, depois de ter raciocinado sobre isso, ele agiu da seguinte maneira: havia a filha de seu antecessor Apriés[22] que era muito alta e bela, a única descendente da sua família, cujo nome era Nitétis. Então, Amásis enfeitou e vestiu essa menina com ouro e a enviou para os persas, como se fosse sua filha. Transcorrido algum tempo que ela havia sido recebida, quando Cambises chamou-a pelo nome do seu pai, a menina disse-lhe: "– Ó rei, não percebeste que foste enganado por Amásis, que me adornou e vestiu com ouro e depois me enviou para ti, como se tivesse entregando a sua própria filha em casamento, embora na verdade eu seja filha de Apriés, daquele que foi seu senhor deposto e assassinado por ele junto com os egípcios.". De fato, essa notícia e essa acusação vindas nessa fala levaram Cambises, filho de Ciro, profundamente irritado, a marchar contra o Egito. Assim então contam os persas.

2. Mas os egípcios consideram Cambises um membro de sua comunidade, afirmando que ele nasceu dessa filha de Apriés; pois Ciro

---

22. Faraó egípcio, 589-570 a.C., um governante guerreiro que lutou contra a invasão babilônica junto com os povos da Síria-Palestina; mesmo assim, o grande rei Nabucodonosor venceu e dominou a todos. Apriés é nome que os helenos deram ao faraó Uahibré – já os sírios-palestinos o chamavam de Hofra, citado no livro bíblico dedicado ao profeta Jeremias, que profetizou o seguinte: "Assim diz Javé: Eu entregarei o faraó Hofra, rei do Egito, nas mãos de seus inimigos, daqueles que o querem matar, assim como entreguei Sedecias, rei de Judá, nas mãos de Nabucodonosor, rei da Babilônia, que era inimigo dele e que o queria matar" (Jeremias, 44, 30). A tradução utilizada foi retirada da *Bíblia Sagrada. Edição Pastoral*. Introdução, tradução e notas Ivo Storniolo e Euclides Martins Balancin. 64. ed. São Paulo: Paulus, 2008.

foi quem enviou um arauto à presença de Amásis para pedir sua filha em casamento, e não Cambises. Mas não contam corretamente quando dizem isso; eles não ignoram nada (pois se existem uns e outros que conhecem, os egípcios conhecem bem os costumes dos persas) que, em primeiro lugar, pela lei que eles têm, que não é possível a um bastardo reinar quando há um filho legítimo presente, além disso, que Cambises era filho de Cassandane[23], que era filha de Farnaspes, um homem Aquemênida, mas que não era de origem egípcia. Mas eles distorcem a história para que a família de Ciro tenha parentesco com as deles.

3. E isso é assim. E conta-se ainda a seguinte história, que eu mesmo não tenho como confiável, que uma das mulheres persas entrou no recinto das mulheres de Ciro, viu as crianças belas e altas que estavam próximas a Cassandane, e que em muito as elogiou porque tinha ficado admirada com elas, e que Cassandane, que era a mulher de Ciro, disse-lhe o seguinte: "– Embora eu seja a mãe destas crianças, Ciro me trata com desprezo, e trata com honra a que ele recebeu do Egito.". Como ela estava pesarosa por causa de Nitétis, ela disse isso, mas Cambises, um dos seus filhos, o mais velho, disse: "– É por isso, mãe, que quando eu me tornar um homem, revirarei alguns assuntos do Egito de cima para baixo e outros de baixo para cima.". E ele disse isso na época em que estava com dez anos de idade, e as mulheres ficaram admiradas; de fato, ele assim conservou isso na lembrança, depois que se tornou um adulto e herdou o reino, ele realizou uma expedição militar contra o Egito.

4. Outro acontecimento convergiu para que ocorresse essa expedição militar contra o Egito, que foi o que se segue. Havia, dentre os mercenários de Amásis, um homem nascido em Halicarnasso[24],

---

23. Sobre Cassandane, Heródoto conta no *Livro II*, capítulo 1, que: "Após a morte de Ciro, Cambises herdou o seu reino, o qual era filho de Ciro e de Cassandane, filha de Farnaspes, que morreu antes dele; o próprio Ciro guardou um longo luto e proclamou para todos os outros povos que ele governava que guardassem luto também." Cf. Heródoto. *Histórias. Livro II – Euterpe. Op. cit.*

24. Cidade localizada na Ásia Menor, colonizada pelos helenos de origem dórica.

cujo nome era Fanes, bastante capaz em discernimento e corajoso quantos aos assuntos da guerra. Esse Fanes, por estar um tanto descontente com Amásis, fugiu em uma embarcação do Egito, desejando encontrar-se com Cambises para terem uma conversa. Como as informações eram de que Cambises tinha uma grande reputação entre os seus mercenários e conhecia com a maior exatidão os assuntos do Egito, Amásis persegue-o com pressa para alcançá-lo, e o persegue enviando o seu mais confiável dentre os seus eunucos em uma trirreme[25] até ele, que o apanha na Lícia[26], mas, mesmo alcançando-o, ele não o trouxe para o Egito; pois Fanes ultrapassava-o em sabedoria; porque, depois de ter embriagado os seus guardas, ele escapou para a Pérsia. E Fanes chegou no momento que Cambises estava se preparando para realizar uma expedição militar contra o Egito e sem saber como fazer sua marcha, porque atravessaria um território sem água, e conta-lhe também os outros acontecimentos a respeito de Amásis, e ainda aconselhou-o como fazer a sua marcha, recomendando-lhe o que se segue, que ele enviasse um arauto para pedir ao rei dos árabes que fizesse passagem pelo seu território em segurança.

5. Esse era o único modo claro à passagem pelo Egito. Pois, da Fenícia[27] até as montanhas da cidade de Cáditi[28], a terra pertencia aos chamados sírios palestinos; e da cidade que era Cáditi, como me parece, não era muito menor que Sárdis[29], desde esta cidade até a de Ieniso[30], os entrepostos comerciais pertencem

---

25. Barco que era composto por três fileiras de remos.

26. Região localizada na Ásia Menor, atual Turquia.

27. Região da Ásia próxima à ilha de Chipre, cuja atividade principal era o comércio. Três de suas cidades se destacavam nessa atividade: Tiro, Sídon e Biblos.

28. Cidade localizada na região da Ásia Menor, que corresponde à atual Gaza.

29. Capital da Lídia, importante entreposto comercial. Sobre a sua geografia e administração, consultar o relato de Heródoto nos capítulos 30-48 deste *Livro III*, cidade em que habitou o ilustre Creso, rei dos lídios.

30. Cidade localizada próximo ao Golfo Arábico.

ao território da Arábia[31]; e a partir de Ieniso outra vez passam a pertencer aos sírios e vão até o lago Serbonis[32], de fato, junto a ele estava o monte Cásio[33] que se estendia em direção ao mar; e do lago Serbonis, no qual então o seu mito diz que Tífon[34] está escondido, já a partir desse território do Egito[35]. De fato, entre a

---

31. Região da Península Arábica que separa a Ásia da África.

32. O rio Orontes, que corta os territórios os territórios da Síria e da Palestina, cede suas águas para esse lago Serbonis, localizado junto ao monte Cásio que separa o Egito da Síria.

33. Fronteira natural que delimitava o Egito dos territórios de colonização fenícia, a região então chamada Síria.

34. O filho mais novo de Geia e do Tártaro, um ser monstruoso, intermediário entre homem e fera. Era o mais forte de todos os filhos de Geia, maior que todas as montanhas; a sua cabeça tocava nas estrelas. Em vez de dedos, Tífon tinha dragões em suas mãos e a cintura cercada por víboras; também possuía asas e os seus olhos soltavam fogo. Ao abrir os braços, as mãos de Tífon atingiam o Oriente e o Ocidente. Quando Tífon resolveu atacar o céu, os deuses fugiram para o Egito e se esconderam no deserto. Apenas Zeus e Atena resistiram ao ataque de Tífon. O combate aconteceu no monte Cásio, entre o Egito e a Arábia, quando Zeus o fulminou com os seus raios. Consultar: Apolodoro, *Biblioteca*, I, 6, 3. Homero canta algumas características de Tífon – aqui com a variante da tradução apresentada, na qual ele é chamado de Tifeu – como vemos nos seguintes versos: "Os outros Dânaos avançam qual fogo que o solo abrasasse./ Tal como a Terra, que geme ao mostrar-se agastado Zeus grande,/ que com os raios de apraz, quando em torno a Tifeu a vergasta, entre os Arimos, local onde se acha Tifeu, é o que dizem:/ do mesmo modo estrondava com o peso dos pés o chão todo,/ quando os heróis avançavam, cortando, ligeiros, o campo." (*Ilíada*, II, 780-785). In: Homero. *Ilíada*. 3. ed. Tradução e introdução Carlos Alberto Nunes. São Paulo: Melhoramentos, 1960. Igualmente Píndaro canta Tífon nesta estrofe: "Sublime condutor do trovão de pé incansável,/ ó Zeus! As tuas Horas,/ sob o canto da lira de variegado timbre, rodopiando/ me enviaram/ como testemunha dos jogos mais culminantes./ Saindo-se bem os amigos da hospitalidade,/ os bons se alegram logo com a doce notícia./ Mas ó tu, filho de Crono, que deténs o Etna,/ fardo ventoso do monstrengo Tifo de cem cabeças,/ recebe o vencedor olímpico/ e, pelas Graças, este canto celebrador". (*Ode Olímpica*, IV, 1-9). Tradução Frederico Lourenço. In: *Poesia grega, de Álcman a Teócrito*. Organização, tradução e notas Frederico Lourenço. Lisboa: Livros Cotovia, 2006.

35. Sobre Tífon estar escondido no Egito e as interpretações que os egípcios fazem dos fenômenos que lhe atribuem, Plutarco narra: "Todas as desordens causadas pelas irregularidades e intempéries das estações, os eclipses do Sol, a ocultação da Lua, são uma espécie de presenças e manifestações de Tífon. É o que prova o nome de Seth, que se dá a Tífon, porque esta palavra significa '*força*

cidade de Ieniso, o monte Cásio e o lago Serbonis não existe um grande território, mas algo que ocupa um caminho de três dias, que é uma região assustadoramente sem água.

6. E vou expor algo que poucos dentre os que navegam para o Egito percebem. Jarras de cerâmica com vinho vêm todo ano de toda a Hélade[36] para o Egito e ainda para a Fenícia, e uma única jarra cerâmica de vinho, por assim dizer, é impossível de ser vista vazia. Então, alguém poderia perguntar, onde esses jarros cerâmicos com vinho são consumidos? E eu explicarei isso. Cada governador da província deve reunir todas as jarras cerâmicas com vinho da sua

---

opressora e constrangedora' querendo também dizer com frequência '*transtorno*', '*recuo*'. Quanto ao nome de '*Bebão*', que também lhe dão, há quem pretenda ter sido um dos companheiros de Tífon. Mas Manetão afirma que é o próprio Tífon que se chama '*Bebão*'. Esta palavra adquire um sentido de '*obstáculo*', '*impedimento*', como se quisesse dizer que o poder de Tífon se opõe ao curso natural das coisas e à inércia que as impulsiona para onde devem tender. [...] O hipopótamo representa Tífon, o gavião significa o poder e a autoridade que Tífon muitas vezes adquire pela violência, autoridade que não para de empregar sua maldade para perturbar os outros e perturbar-se a si mesma. [...] todos os animais, todas as plantas, todos os acontecimentos perniciosos e funestos, são considerados como obra de Tífon, como resultado das suas funções e acções." (*Ísis e Osíris*, 371B-E). Tradução Jorge Fallorca. In: Plutarco. *Ísis e Osíris. Os mistérios da iniciação*. Tradução e notas Jorge Fallorca. Lisboa: Fim de Século, 2001.

36. Os helenos antigos se reconheciam como helenos e sua região era chamada de Hélade, pois eram descendentes de Heleno, filho de Deucalião e Pirra. Segundo o mito, Deucalião é filho de Prometeu e de Clímene, ou de Celeno. Desposou Pirra, filha de Epimeteu e de Pandora. Após Zeus avaliar que a raça humana da Idade do Bronze era cheia de vícios e indigna de andar sobre Geia (personificação da Terra), o deus decidiu eliminá-la da Terra; assim, planejou o envio de um dilúvio, a fim de que matasse todos os humanos afogados, mas resolveu poupar dois seres humanos que considerava serem justos: Deucalião e Pirra. Então, Prometeu aconselhou seu filho a construir uma embarcação, um grande baú no qual se salvaram durante o período em que choveu por nove dias e nove noites. Findada a fase da intensa chuva e com o aparecimento da terra firme, o casal desembarcou nas montanhas da Tessália. Nesse momento, Zeus enviou Hermes para informá-lo de que ele realizaria um pedido dele, quando Deucalião disse que gostaria de ter outros companheiros. Para cumprir sua promessa, Zeus ordenou a Deucalião e Pirra que atirassem os ossos de Geia por cima de seus ombros. Pirra ficou espantada com a ordem, mas logo Deucalião percebeu que os ossos de Geia eram as pedras, e das pedras dele nasceram os homens e das dela, as mulheres. Cf. Apolodoro, *Biblioteca*, I, 7.2.

cidade levá-las para Mênfis[37], os habitantes devem conduzi-las de Mênfis para os territórios sem água da Síria[38], depois de eles as encherem de água. Assim, a jarra de cerâmica trazida é esvaziada no Egito e levada para a Síria desde os tempos antigos.

7. Assim os persas equiparam-se para essa passagem pelo Egito, de fato, conforme já foi dito, porque eles se abasteceram com água, logo imediatamente depois de terem conquistado o Egito. Mas porque nesse momento a água ainda não estava disponível, Cambises, depois de ter sido informado pelo estrangeiro halicarnassense, enviou um mensageiro à presença do rei dos árabes e solicitou-lhe que permitisse a sua passagem, e que, se lhe concedesse esse juramento, ele receberia em troca o que obteve dele.

8. E os árabes honram um juramento mais que quaisquer outros. E eles os fazem do modo que se segue. Dentre os que querem fazer os juramentos, um homem distinto de ambas as partes é colocado em pé no meio deles, com uma pedra afiada nessa parte das palmas das mãos dos que estavam fazendo os juramentos, junto dos dedos maiores[39], e em seguida, tiravam fios de lã do manto de cada um deles, besuntados com sangue, eram colocados no meio das sete pedras, e faziam isso evocando Dioniso[40] e a Urânia[41]. Depois de ter concluído essas ações, aquele que realiza

---

37. Cidade do Egito antigo, fundada pelo faraó Menes aproximadamente em 3.000 a.C., também foi a primeira região administrativa (*nomós*/νομός) do Baixo Egito.

38. A Síria era formada basicamente por assírios e arameus; também foi ocupada pelos persas e posteriormente por Alexandre, o Grande.

39. Trata-se dos dedos polegares.

40. Filho de Zeus e Sêmele, deus da vinha, do vinho e do delírio místico. Um episódio marca o nascimento de Dioniso: sua mãe pede a Zeus que lhe apareça em todo o seu esplendor. Zeus atende seu pedido; no entanto, o fulgor divino foi tamanho que Sêmele transformou-se em cinzas. Antes disso, como estava grávida de seis meses, Zeus rapidamente retirou-lhe o filho e o costurou em sua coxa.

41. Epíteto de Afrodite, que Platão em seu diálogo *Banquete*, 180d, explica que a deusa recebe esse nome por ser filha de Urano. Conforme Heródoto relata no capítulo 131 deste *Livro III*, ela era cultuada no Oriente Médio por árabes e assírios. Conforme vemos nos capítulos 131 e 132 do *Livro I*, Heródoto

os juramentos está entre os amigos de confiança, como um estrangeiro ou um cidadão, se fossem feitos para um cidadão, e os amigos e eles mesmos consentiam em honrar os seus juramentos. E Dioniso é o único dentre os deuses, também a Urânia, que os árabes seguem, eles dizem que cortam as madeixas dos cabelos, do mesmo modo que Dioniso corta; cortam em volta de suas cabeças e raspam as têmporas. E eles dão o nome de Orotalt[42] a Dioniso, enquanto a Urânia é chamada Alilat[43].

9. Portanto, depois de o povo árabe ter realizado o juramento com os mensageiros enviados por Cambises e de eles terem partido, concebeu o seguinte plano: encheu odres de couro de camelo com água e os transportou sobre todos os camelos vivos, e após ter feito isso, marchou com os camelos até o território sem água e esperou nesse lugar pelo exército de Cambises. Esse é o mais confiável dos relatos que foi contado, mas é dever relatar ainda o menos confiável, visto que esse certamente se conta. Existe um grande rio na Arábia, cujo nome é Córis, e esse desemboca no mar chamado Eritreu[44]. De fato, diz-se que a partir desse rio, o rei dos árabes, depois de ter costurado um canal feito de couros de bois e de outros animais, com o comprimento que alcançava o território sem água, então o rei levou a água através desses couros, e nesse território sem água foram escavados grandes reservatórios, a fim de que recebessem a água que eles conservavam (e é um caminho de doze dias, do rio até esse território sem água); e o rei levou a água através de três canais para três regiões.

---

registra que Afrodite era venerada por outros povos do Oriente com nomes diferentes; por exemplo, os persas a denominavam Mitra, enquanto os assírios a chamavam Milita.

42. Também conhecido como Dusares, era adorado como uma pedra sagrada em formato cúbico, com santuários em Petra e Bostra. Por influência dos helenos, passou a ser representado como um jovem deus de cabelos longos ou como um deus já envelhecido, conforme relata Heródoto, associado ao culto do deus heleno Dioniso.

43. A deusa árabe da lua também está relacionada ao culto da deusa-mãe.

44. Mar que corresponde hoje ao Vermelho que se estende também ao Golfo Pérsico.

10. Na chamada embocadura Pelúsio[45] do Nilo[46], Psamênito, filho de Amásis, montou o seu acampamento militar para esperar por Cambises. Pois Cambises não capturou Amásis vivo quando marchou contra o Egito, mas o rei Amásis morreu depois de reinar durante quarenta e quatro anos, nos quais nenhum grande acontecimento hostil sobreveio-lhe; depois de morto, Amásis foi ainda embalsamado e enterrado nas urnas funerárias existentes no templo, as quais foram construídas pelo próprio Amásis. À época em que Psamênito, filho de Amásis, reinou sobre o Egito, então apareceu um grande espectro para os egípcios; pois a cidade egípcia de Tebas recebeu uma chuva em um lugar que antes não havia chovido até a minha época, como os próprios tebanos contam. Pois não chove em todos os territórios do Alto Egito; mas naquela época Tebas recebeu uma garoa.

11. E os persas, depois de terem marchado pelo território sem água e terem se assentado próximo dos egípcios para que travassem um combate, então os mercenários do Egito, que eram homens helenos e cários, que estavam descontentes com Fanes porque ele havia conduzido um exército estrangeiro contra o Egito, tramaram um ardil para ele, que foi o que se segue. Fanes tinha filhos que ele havia deixado no Egito; esses mercenários os trouxeram para o acampamento militar e os deixaram à vista de seu pai, colocaram uma cratera em pé no meio de ambos os acampamentos militares, depois disso, trouxeram um por um dos seus filhos e os degolaram na cratera; por todos os seus filhos vieram vinho e água derramados na cratera, e depois de eles terem bebido o sangue, todos os mercenários assim partiram para o combate. E a batalha tornou-se intensa e após um número muito grande de homens que tombaram de ambos os acampamentos militares, os egípcios recuaram.

---

45. Embocadura situada no chamado Baixo Egito, na sua região Nordeste, em uma cidade de mesmo nome localizada na região do Baixo Nilo, próxima ao lado norte de seu Delta.

46. Segundo maior rio do mundo em extensão, o rio Nilo corta quase todos os territórios do norte da África.

12. E eu vi algo muito extraordinário, porque fui informado pelos habitantes locais. Os ossos de cada um dos que tombaram nessa batalha estavam amontoados longe uns dos outros (pois exceto os ossos dos persas que jaziam para o lado em que estavam separados desde o início, os dos egípcios jaziam em outro lugar), e as cabeças dos persas eram tão frágeis, a ponto de, se quiseres atingi-los, com um único caco os perfuraria, enquanto os dos egípcios eram tão fortes que dificilmente quebraria todas com uma pedra. E ele dizem que a causa é a que se segue, e certamente eles me convenceram sem dificuldade: que os egípcios logo desde a infância começam a raspar suas cabeças e, por ficarem diante do sol, o seu osso se torna espesso. E a causa é essa mesma, também para que não se tornem calvos; pois poderia se ver menos calvos dentre todos os homens egípcios. De fato, essa é a causa para eles tenham suas cabeças fortes; porque as dos persas são frágeis, a causa é a seguinte: trazem as cabeças cobertas com turbantes desde o início, usando tiaras de feltro. Portanto, isso assim eu vi; e vi também outras coisas semelhantes entre os ossos, em Papremis[47], dos que estavam junto com Aquemenes[48], filho de Dario[49], que foram mortos pelo líbio Ínaro[50].

---

47. Cidade situada no Delta do rio Nilo.

48. Filho de Dario com a rainha Atossa. Aquemenes participou da Batalha de Salamina, em 480 a.C., porém morreu na Batalha de Papremis, ocorrida entre 460 a.C. e 459 a.C., morto pelo rebelde líbio Ínaro em 460 a.C., que na sequência foi morto pelo rei persa Artaxerxes, em 459 a.C.

49. Filho de Histaspes, não se sabe o nome de sua mãe. Dario, soberano da Pérsia, reinou entre 550 a 485 a.C., conhecido como Dario, o Grande, por ter sido o conquistador de grande parte da Ásia, Cáucaso e da África, incluindo o Egito, as ilhas do Mar Egeu, norte da Hélade, a Macedônia e a Trácia.

50. Filho de Psamético, liderou uma revolta egípcia contra os persas em 460 a.C. com o apoio de Atenas, que lhe enviou duzentas naus, mas o rei Artaxerxes reprimiu duramente a revolta, massacrando os rebelados. Sobre a revolta de Ínaro, Tucídides relata o seguinte episódio: "O líbio Ínaro, filho de Psamético e rei dos líbios vizinhos do Egito, tendo como base Maréia, além da cidade de Faros, sublevou a maior parte do Egito contra o rei Artaxerxes e, assumindo o comando, conseguiu a intervenção dos atenienses. E eles (estava justamente a caminho de Chipre uma expedição de duzentos navios seus e aliados) abandonaram Chipre e vieram; subiram o Nilo desde a foz, asseguraram o domínio do

13. E os egípcios provenientes dessa batalha, que foram derrotados, fugiram sem nenhum tipo de ordem. Depois de eles terem sido encurralados em Mênfis, Cambises enviou um arauto em uma embarcação de Mitilene[51] rio acima que levou o homem persa para oferecer um acordo aos egípcios; e quando eles viram a embarcação entrando em Mênfis, eles correram em massa, vindos da muralha, destruíram a embarcação, cortaram os homens em pedaços e os levaram para dentro da muralha. E os egípcios, depois disso, sitiaram a cidade; com o tempo, eles se renderam. E os seus vizinhos líbios, porque temiam os acontecimentos havidos no Egito, entregaram-se sem guerra, determinaram um tributo a si mesmos e enviaram-lhes presentes. Como os cireneus e os barcaios os temiam do mesmo modo que os líbios, eles fizeram outras coisas da mesma natureza. E Cambises recebeu com amizade os presentes que chegaram dos líbios, mas ficou descontente com os que vieram dos cireneus, como me parece, porque eram insignificantes (pois, de fato, os cireneus lhe enviaram cinquenta minas de prata), e depois de pegá-las, ele as distribuiu com suas próprias mãos ao seu exército.

14. No décimo dia depois de a muralha de Mênfis ser abandonada, Cambises, após ter colocado Psamênito, rei dos egípcios, que havia reinado sobre eles durante seis meses, sentado no subúrbio para ultrajá-lo, também de tê-lo colocado sentado junto com outros egípcios, pôs à prova a sua alma, agindo da maneira que se segue. Depois de ter preparado sua filha com uma vestimenta de escrava, enviou-a com um balde cheio de água, e ainda a enviou com outras jovens, escolhidas dentre os homens mais honrados, vestidas

---

rio e dois terços de Mênfis, e lutavam pelo outro terço que se chama Muralha Branca. Havia aí refugiados persas e medos e também egípcios que não tinham participado da sublevação." (*História da Guerra do Peloponeso*, I, 104). Tradução Anna Lia Amaral de Almeida Prado. In: Tucídides. *História da Guerra do Peloponeso – Livro I*. Tradução e apresentação Anna Lia Amaral de Almeida Prado. Texto grego estabelecido por Jacqueline de Romilly. São Paulo: Martins Fontes, 2008.

51. Principal cidade e capital da ilha helena de Lesbos, no Mar Egeu.

do mesmo modo que a filha do rei. Porque, com gritaria e lamentação, as virgens passaram ao lado dos seus pais, todos os demais gritavam e se lamentavam de volta, quando viram as suas filhas sendo maltratadas, e Psamênito, ao ver e compreender a situação, baixou envergonhado a sua cabeça em direção ao chão. Depois de as jovens terem passado com os baldes de água, em seguida, enviou o seu filho acompanhado por outros dois mil filhos dos egípcios que tinham a mesma idade, e os seus pescoços estavam amarrados com cordas e suas bocas estavam com freios. Quando conduziram a vingança para que pagassem pelos mitileneus que foram assassinados em Mênfis com eles em suas embarcações; pois os dez juízes régios determinaram como sentença que, para cada um dos homens mortos, dez egípcios entre os mais honrados fossem mortos em troca. Psamênito, depois de ter visto os que passavam ao seu lado, compreendeu que seu filho estava sendo conduzido para a morte, e os demais egípcios que estavam sentados ao seu lado choravam e reagiam por essas coisas terríveis, e Psamênito fez o mesmo na vez em que viu sua filha. Quando esses homens passaram, aconteceu que um homem que era um dos seus companheiros de banquetes, já bastante idoso, porque foi espoliado de suas riquezas, não tinha mais nada, a não ser quanto ele obtinha como mendigo ao pedir esmolas ao exército, passou ao lado de Psamênito, filho de Amásis, e os egípcios que estavam sentados no subúrbio da cidade. Psamênito porque o viu assim, bateu aterrorizado na sua cabeça, começou a chorar alto e forte, e a chamar o seu companheiro pelo nome. Então os guardas de Cambises que estavam presentes, depois de verem tudo o que era feito por ele na passagem de cada um, foram relatar isso ao rei. E porque Cambises ficou admirado com os acontecimentos que lhe foram relatados, enviou um mensageiro para perguntar-lhe o seguinte: "– Cambises, o teu senhor, Psamênito, pergunta-te por que, de fato, quando tu viste a tua filha sendo maltratada e o teu filho caminhando para a morte, tu nem gritaste nem choraste fortemente, mas quando um mendigo se aproximou de ti, tu o honraste, e Cambises foi informado disso por outros.". E de fato essa era a pergunta, e Psamênito disse-lhe em resposta o seguinte: "– Ó filho de Ciro, os meus males familiares era maiores a ponto de que chorasse por eles, enquanto a penúria do meu companheiro era digna de que a eu chorasse, porque dentre os muitos e prósperos que se arruinaram, ele foi o que se voltou para a mendicância, já entrando na avançada velhice.". E foram esses os acontecimentos relatados pelo mensageiro, e quando Cambises os ouviu pareceu-lhe que ele havia lhe respondido bem; como é dito pelos egípcios, Creso[52] também chorou (pois também havia ocorrido de ele ter acompanhado Cambises em sua ida ao Egito), e os persas que estavam presentes também choraram, e sobreveio uma piedade ao próprio Cambises e imediatamente ele ordenou que o filho de Psamênito fosse salvo daqueles que morreriam, e que ele fosse retirado do subúrbio da cidade e levado à sua presença[53].

15. De fato, os que foram encarregados de procurar o seu filho ainda não estavam presentes e ele foi o primeiro a ser cortado em pedaços, mas eles trouxeram Psamênito e o levaram à presença de Cambises; lá conviveu o resto da sua vida, sem que houvesse qualquer tipo de

---

52. Rei da Lídia entre 560-546 a.C., sucedeu seu pai Aliates e deu prosseguimento à conquista da Jônia. Mantinha amizade com os helenos, além de ser benfeitor do oráculo de Delfos, sendo também assíduo consulente da Pitonisa. Perdeu seu reino em uma guerra contra Ciro, rei da Pérsia. Segundo Heródoto, após ter gritado o nome de Sólon quando estava na fogueira, Ciro ordenou sua retirada da pira e ouviu seu relato. Admirado pela sapiência de suas palavras, manteve-o vivo e o nomeou seu conselheiro. Cf. Heródoto, *Histórias. Livro I – Clio*, capítulo 86. *Op. cit.*

53. A respeito da vingança de Cambises contra os revoltosos, Tucídides tece o seguinte relato: "Assim a situação dos helenos arruinou-se depois de seis anos de guerra; muitos poucos salvaram-se atravessando a Líbia até Cirene mas a maioria pereceu. O Egito voltou ao poder do Rei, salvo Amirteu, rei da região dos pântanos, que não puderam capturar por causa da extensão dos pântanos e também porque, entre os egípcios, os homens dos pântanos são os mais combativos. Ínaro, rei da Líbia, que causara tudo quanto ocorreu no Egito, foi capturado à traição e crucificado. Partindo de Atenas e de outras cidades aliadas para o Egito, cinquenta trirremes que iam render as outras fizeram escala na foz do Mendésia sem nada saber do ocorrido; por terra, atacou-os a infantaria e, por mar, a frota fenícia e destruíram a maioria dos navios, dos quais pequena parte conseguiu escapar. Assim terminou o episódio da grande expedição enviado ao Egito pelos atenienses e seus aliados." (*História da Guerra do Peloponeso*, I, 110). Tradução Anna Lia Amaral de Almeida Prado. In: Tucídides. *Op. cit.*

violência. Se ainda tivesse sido capaz de não se intrometer na vida alheia, Psamênito teria recebido o Egito para ser o seu administrador, visto que os persas estão habituados a honrar os filhos dos reis; e ainda que tenham se revoltado contra eles, do mesmo modo entregam o seu governo aos filhos deles próprios. Portanto, muitos e diferentes são os casos que sedimentam porque fazem isso de forma tão habitual, no caso do líbio Ínaro[54], filho de Tanira, que recebeu o poder que o seu pai tinha; também Pausiri, filho de Amirteu[55], pois também esse recebeu o poder que seu pai tinha; todavia, certamente, Ínaro e Amirteu mais que nenhum outro realizaram tantas coisas más para os persas. E agora, depois de ter tramado coisas ruins, Psamênito recebeu a sua paga; pois, enquanto ele liderava os egípcios revoltosos, quando eles foram percebidos por Cambises, ao beber o sangue de um touro, ele morreu imediatamente. Então, assim ele obteve o termo de sua vida.

16. E Cambises veio de Mênfis para a cidade de Sais[56], querendo fazer as coisas que de fato ele fez. Pois, quando ele entrou no palácio de Amásis, imediatamente ordenou que o cadáver de Amásis fosse retirado da sua sepultura e colocado do lado de fora dela, para que ele recebesse o que lhe era devido; também ordenou que chicoteassem o seu cadáver, arrancassem seus cabelos, perfurassem-no com aguilhões, e ainda que fosse ultrajado em todas as outras partes do seu cadáver. Depois de eles terem se cansado de fazer essas coisas (pois o cadáver, porque estava embalsamado, de fato resistiu-lhes e

---

54. Líbio que liderou uma revolta do Egito contra os persas, com o apoio da cidade de Atenas, mas foi duramente derrotado pelo exército de Artaxexes, sendo punido com o esquartejamento junto com os seus aliados atenienses, que foram degolados, em 448 a.C.

55. Rei egípcios que se revoltou contra os persas juntamente com Ínaro por volta de 460 a.C. e 455 a.C. Amirteu também é o nome do único faraó da XXVIII Dinastia, século V a.C., que reconquistou a região do Delta do rio Nilo, libertando os egípcios do domínio persa, por volta de 404 a.C. e reinou até 399 a.C.

56. Cidade localizada na região do Baixo Egito, próxima ao Delta do Nilo, foi a capital do Egito no século VIII a.C., durante a XXIV Dinastia egípcia.

não foi destruído), Cambises ordenou que ele fosse completamente queimado, embora o que havia ordenado não fosse permitido pela lei divina; pois os persas consideram que o fogo é um deus. Portanto, o ato de queimar os cadáveres não existe de modo algum no costume de nenhum desses dois povos; pelo que foi dito pelos persas, quando disseram não era justo partilhar com um deus o cadáver de um homem; mas, entre os egípcios, havia corrente crença de que o fogo era um animal selvagem que tinha vida, e que sempre pegava todas as coisas para que ele as devorasse, e que, depois de ele ter se saciado com o alimento, morre junto com aquele que foi devorado; portanto, não existe de modo algum o costume entre eles de oferecer um cadáver aos animais selvagens; também por causa disso eles o embalsamam, a fim de que, se jazer insepulto, não seja devorado pelos vermes. Assim, de fato, Cambises ordenou que fizessem algo que não era costumeiro para nenhum dos dois povos. Todavia, como os egípcios dizem, não foi Amásis que sofreu isso, mas um outro egípcio com a mesma estatura de Amásis que foi ultrajado, e os persas pensavam que estavam ultrajando Amásis. Pois eles dizem que Amásis havia sido informado por um oráculo sobre os acontecimentos que lhe sucederiam depois de morto; assim, de fato, para evitar os acontecimentos que lhe sobreviriam, ele enterrou esse homem que foi chicoteado depois de morto, colocando-o nas proximidades das portas onde ele próprio estava, e ordenou ao seu filho que colocasse o seu na parte mais recuada, o máximo possível, do seu túmulo. Portanto, essas ordens de Amásis com relação ao modo do seu sepultamento e o do homem, parece-me que elas não existiram, e que, além disso, os egípcios tornam esses acontecimentos imponentes.

17. E depois disso, Cambises deliberou que três exércitos avançassem, um contra os carquedônios[57], outro contra os amônios[58] e um

---

57. Nome dado aos cartagineses habitantes de Carquédon, outro nome dado à cidade de Cartago, cidade localizada no norte da África cuja colonização foi feita por fenícios das cidades de Tíron e de Sídon.

58. Habitantes do oásis de Siuá, que significa oásis da "Ave de Rapina", protetora de Ámon, o deus Sol. O oásis está localizado no deserto da Líbia, onde foi construído o maior templo consagrado ao deus Ámon.

ainda contra os etíopes macróbios[59], que habitavam no litoral sul da Líbia. No momento em que deliberava isso, ele pensou que seria bom enviar sua esquadra naval contra os carquedônios, mas julgou melhor enviar a sua infantaria contra os amônios, e primeiro enviar espiões para a Etiópia[60], para que observasse se verdadeiramente existia a chamada Mesa do Sol na Etiópia, e além dessa mesa, que observassem as demais coisas, com o argumento de que estavam levando presentes para o rei deles.

18. E a Mesa do Sol diz-se que é algo do tipo que se segue. Existe um prado no entorno completamente cheio de carnes cozidas de todos os quadrúpedes; durante a noite, todos os cidadãos que exercem cargos públicos têm a obrigação de colocar as carnes no lugar, e durante o dia quem quiser pode se aproximar para comê-las; e os que são originários da região dizem que essas carnes a todo momento são produzidas pela própria terra. De fato, isso é o que se conta sobre esta chamada Mesa do Sol.

19. E Cambises, quando havia decidido que seria bom enviar os espiões, rapidamente mandou trazer alguns dos homens ictiófagos[61] da cidade de Elefantina[62], porque eles conheciam a língua da Etiópia. No momento estavam procurando por eles; nesse ínterim, Cambises ordenou que sua esquadra naval navegasse contra Carquédon[63]. E os fenícios dizem que eles não fizeram isso; pois estavam atados entre grandes juramentos e não poderiam fazer coisas

---

59. Heródoto grafa τοὺς μακροβίους Αἰθίοπας (*toùs makrobíous Aithíopas*), literalmente, "os etíopes de vidas longas", habitantes de Macróbion, uma das cidades da Etiópia. Os macróbios integravam as diversas etnias dos etíopes, habitantes da Líbia.

60. Região situada no norte da África, no chamado Chifre da África.

61. Heródoto grafa Ἰχθυοφάγων ἀνδρῶν (*Ikhthyophágōn andrōn*), literalmente, "dentre os homens comedores de peixe".

62. Elefantina é uma ilha no rio Nilo, ao sul de seu território, cujo nome deriva da língua grega e significa "cidade dos elefantes".

63. Outro nome dado à cidade de Cartago. Curiosamente, grande parte da esquadra naval dos persas era composta por embarcações fenícias.

contrárias ao permitido pela lei divina e que realizariam uma expedição militar contra os seus próprios filhos. E porque os fenícios não quiseram fazer isso, os demais não eram valiosos combatentes. Portanto, os carquedônios assim escaparam da escravidão dos persas, pois Cambises julgou que não era justo levar Bia[64] contra os fenícios, que eles próprios haviam se entregado aos persas e que toda a esquadra naval era preparada pelos fenícios. E os cíprios, eles próprios, ofereceram-se aos persas para realizar a expedição militar contra o Egito.

20. Assim que os ictiófagos chegaram de Elefantina para junto de Cambises, ele os enviou para a Etiópia ordenando-lhes as palavras que precisavam dizer, levando presentes, um manto púrpura, um colar de argolas de ouro, braceletes, um alabastro de mirra e um jarro de vinho produzido de folhas de palmeira. E esses etíopes para os quais Cambises enviou esses presentes dizem que são os mais altos e mais belos dentre todos os homens. E dizem que eles adotam costumes diferentes pelos quais eles se distinguem dos demais homens; além disso, de acordo com a realeza é o seguinte: escolhem aquele que dentre os cidadãos for mais alto e que tenha a sua força conforme o seu tamanho, e esse eles julgam digno de ser seu rei.

21. Portanto, quando os ictiófagos chegaram, de fato, no território desses homens, ofereceram os presentes ao rei e disseram-lhe o seguinte: "– Cambises, rei dos persas, quer se tornar teu amigo e anfitrião, e nos enviou ordenando que viéssemos te transmitir essas palavras e que te entregássemos esses presentes, com os quais também ele mesmo muito se deleita, quando os usa.". E o etíope, depois de ter percebido que eles tinham vindo como espiões, disse-lhes as seguintes palavras: "– O rei dos persas não lhes enviou para que trouxessem presentes para mim, nem estava muito preocupado em se tornar meu anfitrião, nem vós dissestes palavras verdadeiras (pois viestes como espiões do meu reino), nem aquele é um homem

---

64. Heródoto grafa Βίην (*Bíēn*) acusativo feminino singular de Βίη (*Bíē*) em dialeto iônico e Βία (*Bía*) no ático, que é a personificação da Violência. Bia é filha do gigante Palas e de Estígia. Lutou ao lado de Zeus na Gigantomaquia, batalha travada entre os deuses olímpicos e os gigantes.

justo. Pois, se fosse justo, não teria desejado outro território senão o seu próprio, nem teria levado homens à escravidão, quem foi injustiçado por eles. Agora, entregai-lhe este arco e dizei-lhe as seguintes palavras: '– O rei dos etíopes aconselha ao rei dos persas, quando os persas estirarem sem tanta dificuldade esse arco que é tão grande, como eu; então, realizar uma expedição militar contra os etíopes macróbios. Superando-os em número; até este momento, agradeçam aos deuses porque não colocaram na mente dos filhos dos egípcios acrescentar outra terra a deles.'".

22. Após ter dito essas palavras e ter estirado o seu arco, ele o entregou aos que haviam chegado. E tomando o manto de púrpura, perguntou-lhes o que era e como havia sido feito; e os ictiófagos lhe responderam a verdade a respeito da púrpura e da sua tintura; eles lhe disseram que os homens eram engenhosos enganadores e que seus mantos também eram maquinações enganosas. Em seguida, perguntou-lhes sobre o ouro, o colar de argolas e os braceletes; e quando os ictiófagos mostraram que se tratava de um adorno seu, rindo, o rei também considerou que essas coisas eram os seus grilhões e disse que entre eles existiam grilhões mais fortes que os deles. Em terceiro lugar, ele perguntou a respeito da mira; quando eles lhe responderam sobre o seu fabrico e o seu costume de uso, ele proferiu o mesmo argumento que o a respeito do manto. Quando chegou ao vinho, também quis saber como ele foi feito, alegrou-se excessivamente com a bebida, e perguntou do que o rei se alimentava e por quanto tempo, o mais longo período, que um homem persa vivia. E eles lhe responderam que o rei se alimentava de pão, relataram com detalhes o plantio dos grãos de trigo, e que oitenta anos completos de vida era o mais longo tempo que um homem suportava. Diante disso, o etíope disse que não estava admirado que aqueles que se alimentavam de esterco[65] vivessem por poucos anos;

---

65. Heródoto grafa κόπρον (*kópron*), acusativo masculino de κόπρος (*kópros*) que literalmente significa "excremento animal", "sujeira", "imundície", "lugar onde se amontoa o estrume". Certamente, o rei etíope se refere ao adubo colocado no solo, em geral, composto por esterco de animais. Doravante, os verbetes gregos citados de *k* a *o* são oriundos do *Dicionário Grego-Português K-O*. Coord. Daisi

pois eles não poderiam viver tanto se não tomassem essa bebida, porque falava aos icitiógafos sobre o vinho; pois, quanto a esse produto, os etíopes eram inferiores aos persas.

23. E os ictiófagos, por sua vez, perguntaram ao rei sobre o tempo e o modo de vida dos etíopes; e o rei respondeu-lhes que a maioria deles chegava aos cento e vinte anos, e que alguns ultrapassavam isso, e que eles tinham como alimentos a carne cozida e o leite como bebida. E os espiões ficaram admirados com a quantidade de anos, depois foram conduzidos pelo rei até uma fonte onde eles se banhavam e se tornavam mais oleosos, como se fosse o azeite de oliva[66]; e exalava dela um cheiro como se fosse o de violetas. E os espiões disseram que essa água da fonte era de um tipo tão leve, de sorte que nada era capaz de flutuar em cima dela, nem madeira, nem qualquer coisa mais leve que uma madeira, mas todas as coisas iam para o seu fundo. E essa água, se realmente for possível que ela exista, como eles se serviam dela para tudo, por causa disso teriam vida longa. E depois de eles terem deixado a fonte, o rei os conduziu para uma prisão de homens, lá todos os homens estavam acorrentados com grilhões de ouro; entre os etíopes, o bronze é o metal mais raro e o mais valioso. E ainda, após terem visto a prisão, eles viram a chamada Mesa do Sol.

24. Depois disso, finalmente eles viram as sepulturas dos etíopes, as quais dizem que são construídas com uma pedra transpa-

---

Malhadas, Maria Celeste Consolin Dezotti e Maria Helena de Moura Neves. São Paulo: Ateliê, 2008.

66. Convém assinalar que as descrições dos costumes dos persas e dos etíopes feitas por Heródoto se assemelham aos praticados pelos helenos; pois, como os persas, tinham o hábito de beber vinho, já como os etíopes, estavam habituados se untarem com azeite de oliva. Essas descrições podem ser interpretadas ou como assimilações do povo heleno, ou como transposições dos hábitos helenos para os povos visitados por Heródoto. De qualquer forma, o historiador nos apresenta um quadro de trocas ou semelhanças entre as práticas culturais de diferentes povos, o que revela o contato que havia entre eles, quer em viagens, quer por invasões territoriais, quer por trocas comerciais.

rente[67], da maneira que se segue. Sempre que eles dessecam o cadáver, quer à moda dos egípcios quer de qualquer outro modo, depois de o terem revestido com gesso, eles o decoram todo com uma pintura, assemelhando-o à sua imagem ao máximo possível; em seguida, eles o colocam em uma estela feita da pedra transparente, que foi escavada (que eles têm em grande quantidade e fácil de ser trabalhada, que é escavada). E o cadáver era inserido no meio da estela e ficava completamente visível, não apresentava nenhum odor, nem algo desagradável, nem nenhum outro tipo de inconveniência; e tinha todas as suas partes visíveis, com semelhança ao próprio morto. Durante o período de um ano, de fato, os parentes mais próximos têm a estela em suas casas e lhe oferecem todas as primícias e conduzem os sacrifícios; depois disso, eles a levam para que a coloquem de pé nos arredores da cidade.

25. E depois de terem visto todas essas coisas, os espiões retornaram. Após eles terem transmitido todos esses fatos, imediatamente Cambises ficou colérico e realizou uma expedição militar contra os etíopes, sem anunciar nenhuma preparação para o provimento alimentar, nem raciocinando consigo mesmo que tinha a intenção de realizar uma expedição militar nos confins da terra; mas a exemplo de um ser delirante, e não sendo sensato; assim que terminou de ouvir o relato dos ictiófagos, começou a realizar a expedição militar, e deu ordens aos helenos que estavam do seu lado para que permanecessem no mesmo lugar e que levassem junto com eles toda a sua infantaria. Quando estavam marchando em Tebas[68], escolheu o contingente aproximado de cinco mil homens do seu exército e ordenou-lhes que escravizassem os amônios e incendiassem o

---

67. Heródoto grafa ὑάλου (*hyálou*), genitivo masculino singular de ὑάλος (*hyálos*) que literalmente significa "qualquer pedra transparente" (alabastro, cristal etc.), ou "vidro". Em razão disso, não sabemos ao certo de qual tipo de pedra se trata. Sobre o verbete, consultar: *Dicionário Grego-Português Σ-Ω*. Coord. Daisi Malhadas, Maria Celeste Consolin Dezotti e Maria Helena de Moura Neves. São Paulo: Ateliê, 2010. Doravante, todos os verbetes citados de *σ* a *ω* seguirão a referida obra.

68. Cidade localizada no antigo Egito, cujo nome atual é Luxor.

templo de Zeus[69], enquanto ele mesmo seguia conduzia o restante do seu exército contra a Etiópia. Mas antes de seu exército atravessar a quinta parte do seu caminho, rapidamente todo o alimento que eles tinham levado foi consumido; e depois disso, devoraram o que havia restado dos víveres e dos animais de carga. Portanto, se Cambises tivesse compreendido isso, tivesse reconhecido o seu próprio erro e retornado com o seu exército, embora tivesse cometido um erro desde o início, teria sido um homem sábio; mas na realidade não fez nenhum raciocínio lógico e seguiu sempre em frente. E os seus soldados onde tivessem algo da terra o pegavam, e sobreviviam comendo capim; mas, quando chegaram ao deserto de areia, alguns deles cometeram uma ação terrível; depois de realizarem um sorteio entre eles mesmos, um único dentre cada dez homens, eles o devoravam. Quando Cambises foi informado sobre o ocorrido, temendo que eles comessem uns aos outros, abandonou a sua expedição contra a Etiópia e marchou de volta. E depois de ter feito a travessia de Tebas a Mênfis liberou os helenos para que zarpassem.

26. Assim ele realizou a sua expedição contra a Etiópia. E a expedição militar contra os amônios que estava à parte deles, depois que os soldados exortaram a si mesmos, eles marcharam com guias; e foram visíveis quando chegaram à cidade de Oásis[70], dizem que é o lugar em que vivem os sâmios da tribo da Escriônia[71], e que dista sete dias de jornada de Tebas através do deserto de areia, e esse território é chamado na língua dos helenos de "Ilha dos Bem-Aventurados"[72]. Diz-se que o exército chegou nesse território; e de lá, que à exceção dos próprios amônios, eles ouviram esses relatos deles, ninguém sabe dizer nada a respeito deles; pois nem se eles

---

69. Pai dos deuses e dos homens, Zeus, filho de Crono e Reia, reinou sobre todos após destronar seu pai; sobre a origem e os acontecimentos que antecederam seu reinado, ler Hesíodo, *Teogonia,* 468-506.

70. Trata-se do oásis de Siuá. Consultar nota 58 deste *Livro III.*

71. Não temos informações sobre esse local.

72. Ilha que abrigava as almas dos escolhidos pelos deuses, em geral, poetas, heróis e deuses helenos, situada no extremo oeste do rio Oceano.

chegaram ao território dos amônios nem se retornaram. E o que se segue também é dito pelos amônios; quando os persas saíram de Oásis através do deserto de areia para avançar contra eles, entre um lugar mais perto deles e o território do Oásis, enquanto eles estavam almoçando, um grande e violento vento sul começou a soprar, carregando bancos de areia do deserto e despejando-os sobre eles, e que desse modo eles foram encobertos. E os amônios dizem a respeito desse exército que isso aconteceu assim.

27. Depois de Cambises ter chegado a Mênfis, o deus Ápis[73] apareceu para os egípcios, que os helenos chamam de Épafo[74]; quando aconteceu essa aparição, imediatamente os egípcios vestiram suas vestimentas mais belas e ficaram em festa. Nesse momento, ao ver isso que os egípcios faziam, Cambises, porque estava completamente desconfiado de que estavam alegres e realizavam essas festividades por causa de ele estar em uma situação difícil, convocou os governadores de Mênfis; quando eles chegaram à sua presença, ele lhes perguntou por que, quando ele esteve antes em Mênfis, os egípcios não fizeram nada dessa natureza, mas nesse momento em que novamente ele estava presente lá, depois de ter perdido um grande número de homens do seu exército. E eles lhe responderam que um deus havia aparecido para eles, também que ele tinha por hábito aparecer de tempos em tempos, e sempre que o deus aparecia, então todos os egípcios ficavam alegres e festejavam. Depois de ter ouvido isso, Cambises disse que eles estavam mentindo para ele, quando os condenou à pena de morte porque haviam mentido.

28. Após eles terem sido mortos; logo ele convocou os sacerdotes à sua presença. Mas, quando os sacerdotes lhe disseram as mesmas

---

73. Divindade egípcia que era a personificação da Terra, como Geia para os helenos. Havia também uma cidade consagrada a esse deus que recebeu o seu nome, Ápis está localizada na região do Baixo Egito.

74. Trata-se do touro e deus Ápis, cultuado na cidade de Mênfis, pois a cidade de Heliópolis, igualmente situada no Egito, tinha um touro chamado Mneris que também era um deus. Segundo os estudiosos do Oriente, esse touro de Heliópolis havia inspirado os judeus na confecção de seu bezerro na região do deserto. Para mais detalhes, consultar o capítulo 38 do *Livro I – Clio*. In: Heródoto. *Op. cit.*

palavras, ele respondeu que se um deus amável havia chegado e que estava entre os egípcios, que ele não o deixaria passar despercebido; após ter dito tais coisas, ele ordenou aos sacerdotes que lhe trouxessem Ápis. E procuram-no para trazê-lo à presença do rei. E Ápis, esse Épafo, é um vitelo que nasceu de uma vaca que não mais existirá e que não gerará nenhuma outra cria em seu ventre; e os egípcios dizem que um raio de luz que veio do céu cobriu a vaca e que, depois disso ter acontecido com ela, a vaca pariu Ápis. E esse vitelo que é chamado de Ápis tem os seguintes sinais: ele é negro, tem um triângulo branco na sua fronte, uma imagem que se assemelha a uma águia no seu dorso, tem pelos duplos em seu rabo e embaixo da sua língua existe um escaravelho.

29. Quando os sacerdotes lhe trouxeram Ápis, Cambises, sendo como que o mais destinado, puxando para fora o seu punhal e querendo golpear o ventre de Ápis, atingiu sua coxa; e, sorrindo, disse aos sacerdotes: "– Cabeças ruins! Esses são os seus deuses, cheios de sangue e feitos de carne, que são atingi dos pelo aço? Certamente, esse é o deus digno dos egípcios, mas vós não estais alegres porque estais me dando motivos para risadas.". Depois de ter dito isso, ele ordenou-lhes que executassem a tarefa de chicotear os sacerdotes, e que capturassem e matassem os outros egípcios que estivessem festejando. De fato, ao terminar a festa que havia entre os egípcios, os sacerdotes receberam suas punições, e Ápis morreu porque havia sido ferido na coxa e estirado no templo; e depois de Ápis ter morrido por causa do seu ferimento, os sacerdotes o enterraram às ocultas de Cambises.

30. E Cambises, conforme dizem os egípcios, por causa desse ato injusto, logo enlouqueceu, mas já não estava muito sensato antes. E o primeiro ato terrível que realizou foi contra o seu irmão Esmérdis, que era seu irmão por parte de pai e de mãe; ele o mandou embora do Egito para a Pérsia, por inveja, porque Esmérdis era o único dentre os persas que envergava com seus dois dedos o arco, o que os ictiófagos trouxeram da Etiópia; e nenhum dos outros persas foi capaz de fazer isso. Portanto, quando Esmérdis retornou da Pérsia, Cambises teve uma visão durante o sonho, que foi a seguinte: pareceu-lhe que um mensageiro chegou da Pérsia para anunciar-lhe que Esmérdis estava sentado no seu trono real e que a sua cabeça tocava o céu. Portanto, diante disso, ele temeu por ele mesmo que seu irmão o matasse pelo seu poder, e o enviou para Préxapes, para a Pérsia, que era o seu homem mais confiável dentre os persas, para que o matasse. E quando ele chegou em Susos[75], matou Esmérdis, uns dizem que foi quando eles saíram para a caça, outros dizem que isso aconteceu quando ele o conduziu ao Mar Eritreu para que o afogasse.

31. De fato, dizem que essa foi a primeira das ações terríveis comandadas por Cambises. E a sua segunda ação terrível foi quando ele matou a sua irmã, que foi trazida por ele para o Egito, e com quem ele se casou e que era sua irmã de ambos os lados[76]. Mas ele a desposou da seguinte maneira: como antes, de modo algum, os persas tinham o costume de se casarem com suas irmãs. Quando Cambises enamorou-se por uma das suas irmãs, porque não estava no costume o que ele pensava em fazer, depois de ter convocado os chamados juízes dos reais, perguntou-lhe se existia alguma lei que permitisse a quem quisesse se casar com sua irmã. E os juízes reais são homens escolhidos pelos persas, que permanecem nos seus cargos até quando morrem ou até o momento em que eles são flagrados cometendo algum ato injusto; e esses administram a justiça dos persas e interpretam os assuntos concernentes às leis fundadas nos costumes, e todas as questões que lhes são direcionadas. Portanto, depois de Cambises ter feito a sua pergunta, eles lhe responderam com palavras justas e firmes, revelaram que não tinham descoberto nenhuma lei que permitisse a um irmão casar-se com uma irmã; todavia, eles haviam descoberto uma outra lei: era permitido ao rei dos persas fazer aquilo que ele quisesse. Assim, eles não violaram a lei por temerem Cambises; a fim de que eles mesmos não fossem mortos por

---

75. Por influência das traduções francesas, tem-se o hábito de grafar "Susa". No entanto, o nome em grego é Σοῦσος (*Soûsos*), portanto: o seu nome em nosso vernáculo é Susos. Cidade localizada na região da Mesopotâmia, a 250 quilômetros do rio Tigre. Hoje a cidade de Susos é o monumental sítio arqueológico de Shush, o nome original da cidade.

76. Irmã por parte de pai e de mãe.

defenderem sua lei, descobriram uma outra lei aliada para quem quisesse casar-se com suas irmãs. Então, Cambises casou-se, de fato, com a sua amada; todavia, não muito tempo depois tomou também sua outra irmã como esposa. Ela era então a mais nova delas, a que foi trazida por ele para o Egito e que ele matou.

32. Diz-se que existem duas histórias para ambas as mortes, a dela, tal como a de Esmérdis. Os helenos dizem que Cambises incitou um filhote de leão contra uma filhotinha de cadela, e ainda colocou essa mulher para assistir, quando a filhotinha estava vencendo, a outra filhotinha, irmã da primeira, rompeu a sua corrente e ficou ao lado dela, e assim, tornando-se duas, as filhotes venceram o filhote de leão; e Cambises se deleitou com o que assistiu, mas a mulher que estava ao seu lado chorou. Quando Cambises percebeu isso, perguntou-lhe por que ela estava chorando, e ela respondeu-lhe que chorava por ter visto a filhotinha socorrer a irmã, porque havia se lembrando de Esmérdis e ter percebido que ele não havia tido quem o vingasse. De fato, os helenos dizem que, por causa dessa fala, ela foi morta por Cambises; mas os egípcios contam que, quando eles estavam sentados à mesa, depois de sua mulher ter pegado uma alface e a ter desfolhado, perguntou insistentemente ao seu marido o que seria mais belo a alface desfolhada ou coberta de folhas, e ele respondeu-lhe que a coberta de folhas, mas ela retrucou-lhe: "– Todavia, tu um dia imitaste essa alface desfolhada, privaste a casa de Ciro!".[77] Ele se tornou irascível e chutou sua mulher que estava grávida, e depois de ela ter abortado, morreu.

33. E Cambises cometeu essas insanidades contra os seus parentes, quer, de fato, por ter matado Ápis, quer por qualquer outro motivo, como também por ser uma retribuição pelos muitos males que costumam suceder aos homens. De fato, diz-se também que Cambises teve uma grave doença que o afetou desde o seu nascimento, alguns a chamam de "sagrada"[78]; portanto, isso não

---

77. Clara referência ao assassínio de seu irmão Esmérdis.

78. Trata-se da epilepsia, que era associada aos transes divinos sofridos por sacerdotes e sacerdotisas dos templos que alegavam estar possuídos pelos deuses nos momentos

é nada estranho que um corpo acometido por uma grave doença não estivesse com sua mente saudável.

34. Enquanto contra os outros persas ele cometeu as insanidades que se seguem. Pois conta-se que Cambises disse a Préxapes – que era um homem muito honrado e que lhe transmitia as mensagens, e que Cambises tinha seu filho como escanção[79], e que sua honra não era inferior – as seguintes palavras: "– Préxapes, qual tipo de homem os persas consideram que eu sou e com quais palavras eles proferem a respeito de mim?". E Préxapes respondeu-lhe: "– Ó soberano, eles te elogiam intensamente por todas as outras coisas, mas dizem que és muito inclinado ao seu amor pelo vinho.". De fato, essas foram as coisas que ele disse a respeito dos persas, mas o rei, depois de se tornar irascível, disse-lhe isto em resposta: "– Ora, agora os persas dizem que estou fora de mim e não sou inteligente porque sou inclinado ao vinho. Ora, as palavras anteriores deles, de fato, não eram verdadeiras.". Ora, pois antes, quando houve uma reunião em que estavam os persas e Creso, de fato, Cambises perguntou que espécie de homem ele parecia ser em comparação ao seu pai Ciro, que já estava morto. E eles lhe disseram em resposta que ele era melhor que seu pai; pois possuía todas as coisas que eram dele e que havia conquistado o Egito e o mar. E os persas disseram-lhe isso, mas Creso, que estava presente e não se contentou com o julgamento emitido, disse para Cambises as seguintes palavras: "– Para mim, então, filho de Ciro, não me pareces que sejas semelhante ao teu pai; pois não tens um filho com as mesmas características ao que

---

em que balbuciavam e se contorciam, que se tratavam de demonstrações de inspiração divina. Diante disso, a noção da epilepsia como uma doença sagrada propagou-se entre os antigos. No entanto, o célebre médico Hipócrates (469-399 a.C.) em seu tratado *Sobre a doença sagrada* nega qualquer relação da doença com o transe divino, e diz que se trata de uma superstição ou uma crença, pois a epilepsia é uma doença humana, própria de sua natureza, sem qualquer ligação com o divino.

79. Indivíduo responsável por servir vinho ao rei. Tal cargo estava associado à relação de confiança com o rei; em razão disso, era visto como uma demonstração de prestígio social.

aquele deixou em ti.". E Cambises deleitou-se com essas palavras que ouviu e elogiou o julgamento de Creso.

35. Portanto, depois de ter se lembrado desses acontecimentos, em cólera, Cambises disse para Préxapes: "– Então, tu, aprenda por ti próprio se os persas dizem a verdade, ou se eles perderam a razão quando falaram isso. Pois, se o teu filho está de pé em frente aos pórticos, eu por acaso flechá-lo, atingindo-o no meio do seu coração, os persas mostrarão que estão falando sem razão; mas se eu errar, os persas mostrarão que estão dizendo a verdade e que eu não sou sensato.". Depois de ter dito isso, Cambises estirou o seu arco e atirou uma flecha em direção ao menino; quando o menino caiu no chão, ele ordenou que o menino fosse aberto e que o seu ferimento fosse examinado; como a flecha havia entrado no seu coração, ele disse ao pai do menino, sorrindo e excessivamente satisfeito, que: "– Préxapes, que eu não sou louco e que os persas não me desprezam, isto já ficou evidente! Agora, diz-me, já viste alguém dentre todos os homens tão preciso no alvo quando atira a sua flecha?". Préxapes, olhando para o homem que não estava em sã consciência e temendo por si mesmo, disse: "– Soberano, eu penso que nem o próprio deus[80] poderia atirar assim tão bem.". Naquele momento, Cambises fez isso; em outra ocasião, ele ordenou que doze persas entre os mais importantes fosse capturados, sem nenhum motivo digno, e que fossem enterrados ainda vivos até a cabeça.

36. Depois de terem realizado tais ações, o lídio Creso julgou que seria bom adverti-lo com as seguintes palavras: "– Ó rei, não permitas que sejas levado a todos os assuntos pela idade e pelo ímpeto, mas contenha e detenha a ti mesmo. É bom que tu tenhas prudência, a previdência é sábia; tu estás matando os homens que são teus cidadãos, capturando-os sem nenhum motivo digno, também estás matando seus filhos. Se realizares muitas ações dessa natureza,

---

80. Préxapes se refere ao deus Apolo, a quem Homero dedicou o epíteto de "exímio flecheiro". Apolo é filho de Zeus e Leto, irmão gêmeo da deusa Ártemis. Além do deus ser conhecido por sua habilidade no manejo do arco e da flecha, comparável somente à de sua irmã, é considerado o deus da adivinhação e da música, conhecido também por sua excepcional beleza física.

vê bem para que os persas não te assassinem. Quanto a mim, o teu pai Ciro recomendou-me muitas vezes, e me ordenou que te advertisse e que te aconselhasse o que achasse bom.". De fato, Creso mostrou-se com boa vontade ao dar esse conselho ao rei. Mas ele se virou e disse em resposta o seguinte: "– Tu também ousas dar-me conselhos, que valorosamente governou a tua própria pátria, que aconselhaste o meu próprio pai tão bem, quando o exortou para que atravessasse o rio Araxes[81] e avançasse contra os masságetas, quando eles o estavam atravessando em direção ao nosso território, também, por tu mesmo, arruinaste a tua própria pátria por tê-la dirigido mal, e ainda por teres arruinado Ciro quando ele foi convencido por ti. Mas não mais se alegrará com isso, visto que há muito necessitava de um pretexto teu para agarrar-te.". E depois de ter dito essas palavras, Cambises pegou suas flechas para acertá-las nele com seu arco, mas Creso correu em fuga para fora do recinto. Depois disso, porque não podia acertá-lo com seu arco, ordenou aos seus servos que o apanhassem e o matassem. Mas os seus servos conheciam o modo de ser de Cambises e esconderam Creso sob este pensamento, de sorte que, se Cambises mudasse de ideia e lhes pedisse depois que procurassem Creso, eles o trariam à sua presença e receberiam presentes pela vida de Creso; porém, se ele não ficasse arrependido nem desejasse seu retorno, então eles os eliminariam. De fato, depois de não muito tempo transcorrido, Cambises lamentou-se, sentindo a falta de Creso; então os seus servos, quando perceberam isso, trouxeram-no de volta à sua presença. E Cambises disse a Creso que estava satisfeito por ele estar ao lado dele; todavia, quanto aos seus servos, aqueles que o mantiveram a salvo, não poderiam escapar sem punição, mas deveriam morrer; e fez isso.

37. De fato, Cambises cometeu muitas loucuras dessa natureza contra os persas e seus aliados; como quando permaneceu em Mênfis, abriu as antigas sepulturas e examinou os seus cadáveres.

---

81. Um rio extenso que corta as montanhas do Cáucaso, cortando os territórios da Ásia Menor e desaguando no Mar Hircânio, atual Mar Cáspio. Cambises se refere ao episódio narrado por Heródoto no *Livro I*, capítulos 207 a 210.

De fato, como quando entrou no templo de Hefesto[82] e gargalhou muitas vezes com a sua estátua. Pois os fenícios têm uma estátua de Patáicos[83] que se assemelha muitíssimo a esta de Hefesto, e os fenícios levam essas estátuas também nas proas de suas trirremes[84]; e que eu mesmo irei interpretar para aqueles que não as viu: são a imitação de um homem pigmeu. E Cambises entrou ainda no templo dos Cabiros[85], onde não permitido pelas leis divinas que nenhum outro entrasse no seu templo senão um sacerdote; e ele também colocou fogo nessas estátuas, depois de ter zombado delas muitas vezes. E essas estátuas são semelhantes às de Hefesto; mas dizem que essas divindades são filhos dele.

38. De toda maneira, está claro para mim que Cambises estava completamente louco[86]; pois não teria empreendido zombar dos

---

82. Deus que personifica o elemento fogo; por sua singular habilidade na atividade de ferreiro, foi responsável pela confecção das armas e dos adereços dos deuses. Também conhecido por ser um deus coxo, condição adquirida após ser atirado do Olimpo por sua mãe Hera, que o gerou sem o auxílio de Zeus.

83. Παταΐκος (*Pataïkos*) é o nome do templo construído para o deus *Path*, divindade fenícia considerada a criadora do ser humano, cujo templo era o maior e o mais importante da cidade de Mênfis. Interessante notar aqui o sincretismo religioso que Heródoto revela no Egito, pois uma cidade egípcia abriga o maior templo de uma divindade fenícia. Outro dado interessante, além da troca cultural entre esses povos: a cidade de Mênfis representa um importante entreposto comercial, portanto é provável que a origem do contato entre esses povos tenha ocorrido através do seu intercâmbio comercial.

84. Convém notar que Heródoto relata que os fenícios possuíam trirremes. A característica principal da trirreme está em ser uma nau com três fileiras de remadores, tal embarcação também compunha a esquadra naval ateniense de sua época, o que revela influência fenícia não apenas no alfabeto, como também na construção de suas naus.

85. Divindades misteriosas cultuadas na Hélade, em especial na Samotrácia. Conforme a mitologia, essas divindades são filhos do deus Hefesto; não se sabe ao certo, mas em geral admite-se que eram sete. Como Heródoto afirma que Hefesto é um deus egípcio, temos então mais um conjunto de divindades egípcias que foram adotadas pelos helenos em seus cultos.

86. Heródoto grafa ἐμάνη (*emánē*) que é o imperfeito médio terceira pessoa do singular do verbo μαίνομαι (*maínomai*), que significa "agitar-se de loucura

costumes e dos assuntos sagrados. Pois, se fosse estabelecido entre todos os homens selecionar e ordenar os mais belos costumes dentre todos os costumes, depois de ter refletido muito, cada um escolheria os seus próprios; assim cada um considera que os seus próprios costumes são, em muito, os mais belos. Portanto, não é comum que outro, senão um homem enlouquecido, lance sua gargalhada para esses mesmos costumes. Assim como todos os homens estabelecem seus costumes conforme o que lhes dizem respeito, e existem muitas e diferentes provas de que eles são estimados pelos homens; de fato, as provas estão no relato que se segue. Quando Dario estava no poder, após ter convocado alguns helenos que estavam ao seu lado, e ele lhes perguntou quanto em dinheiro que eles gostariam de receber se devorassem seus próprios pais depois de mortos; e eles lhe responderam que não lucrariam nenhuma quantia com isso. Depois do ocorrido, Dario convocou os indianos chamados calátias[87], os quais devoram os seus pais, e lhes perguntou, quando os helenos estavam presentes e porque havia um intérprete para traduzir as palavras proferidas por eles, quanto em dinheiro eles receberiam para queimar em uma pira os seus pais depois de mortos; e eles, gritando muito alto, pediram-lhe que evitasse pronunciar aquelas palavras de mau agouro[88]. Assim, eles

---

ou de fúria", "ficar louco". Tal verbo está relacionando também à loucura báquica, inspirada pelo deus Dioniso, o que nos leva a pensar que Heródoto atribui a loucura de Cambises a um deus, como um castigo divino. Nesse caos, basta lembrar que, conforme o relato herodotiano, o rei matou o deus egípcio Ápis e ainda zombou dele antes de vê-lo morrer. Portanto, tal loucura é resultante da nêmesis (*némesis*/νέμεσις), ou vingança divina. É válido lembrar que, entre os helenos, há uma deusa homônima, Nêmesis, que é a personificação dessa vingança divina, que se apresenta como deusa do pudor e da justiça distributiva encarregada de castigar o orgulho ou o excesso de felicidade. Sobre os verbetes consultados, utilizamos o dicionário de Pierre Chantraine: *Dictionnaire étymologique de la langue grecque, histoire des mots*. Paris: Klincksieck, 1971. t. I-II.

87. Os calátias eram um povo que habitava o interior da Índia, cuja pela era negra, como podemos depreender do vocábulo sânscrito *kalâ* que significa "negro".

88. Convém ressaltar como a interpretação de Heródoto relaciona as práticas de diferentes povos aos seus hábitos culturais, que denominamos costumes e que, por

instituem essas leis, também me parece correto o que compôs Píndaro[89], quando diz que "o costume é o rei de todos"[90].

39. Enquanto Cambises realizava uma expedição militar contra o Egito, os lacedemônios também realizavam uma guerra contra Samos[91] e Polícrates[92], filho de Éaces[93], que detinha o poder de Samos por causa de uma revolta liderada por ele. E no início, Polícrates, após ter dividido a cidade em três partes, repartiu-as com os seus irmãos Pantagnoto e Silosonte[94]; mas, depois de ter matado um deles, baniu da cidade Silosonte, o que era mais jovem, e deteve toda a cidade de Samos. E depois de ter estabelecido um acordo de hospitalidade com Amásis, o rei do Egito, enviou-lhe presentes e recebeu outros dele. E, em pouco tempo, rapidamente os assuntos

---

mais estranhos que estes nos pareçam, eles têm significado e validade dentro de uma determinada sociedade. É sabido que os helenos tinham o hábito de queimar seus mortos em piras, o que para os indianos parece ser um ato ofensivo. No entanto, estes se alimentavam de seus mortos por acreditarem que assim os mantinham vivos dentro de si, o que para os helenos é um ato repulsivo. Com esse relato, Heródoto nos mostra a sua capacidade de compreensão das diferenças culturais, demonstrando uma análise própria a quem hoje atribuímos o nome de antropólogo, com sua ciência própria: a Antropologia.

89. Poeta tebano, 518-446 a.C., compositor que elevou a tradição dos cantos corais dóricos. Os dezessete livros de sua obra estão divididos em hinos, peãs, ditirambos, canções para procissões, canções para donzelas, canções para dançar, encômios, cantos fúnebres e canções de vitória ou epinícios. Os quatro livros de canções de vitória foram preservados, e alguns fragmentos, mais destacadamente os dos seus peãs.

90. Píndaro. Frag. 146 Bergk, *Poetae Lyrici Graeci*, p. 277. Este fragmento é encontrado também no diálogo platônico *Górgias*, 484b. No entanto, a frase "νόμον πάντων βασιλέα" (*nómon pántōn basiléa*), citada por Heródoto, que traduzimos como "o costume é o rei de todos", no referido diálogo, Platão a utiliza com o sentido de "lei".

91. Ilha helena situada no Mar Egeu.

92. Tirano de Samos, morto em 523 a.C., tornou-se famoso por ter construído o porto de Samos, o templo de Hera e um túnel que levava água para a sua cidade.

93. Não dispomos de mais informações sobre esta personagem.

94. Essas são as informações de que dispomos acerca de seus irmãos.

de Polícrates cresceram, que ele já era celebrado na Iônia[95] e no restante da Hélade; pois onde quer que ele desejasse realizar uma expedição militar, em todas as suas expedições ele avançava com boa sorte. E conquistou cento e cinquenta naus e mil arqueiros. E ainda se dirigia e se conduzia para todos os territórios sem que fizesse qualquer avaliação, pois ele costumava dizer que seria mais agraciado se devolvesse a um amigo aquilo que lhe arrebatou do que se nunca houvesse lhe retirado nenhum poder. De fato, ele já havia conquistado grande parte das ilhas, e ainda muitas cidades do continente; e, além disso, Polícrates conquistou os lésbios, que haviam mandando todo o seu poderio militar naval para socorrer os milésios e ele os derrotou em uma batalha naval...[96], onde aqueles que foram aprisionados cavaram um fosso em volta da muralha que cerca toda a cidade de Samos.

40. E como Polícrates obtinha enormes sucessos nos seus empreendimentos e isso não passou despercebido a Amásis, pelo contrário, ele estava preocupado com isso. Em muito mais ainda porque o seu sucesso se tornava maior, ele escreveu em um papiro que ele enviou para Samos, no qual dizia o seguinte: "Amásis diz o seguinte a respeito de Polícrates: é um prazer ser informado sobre a prosperidade de um homem que é meu anfitrião[97] e amigo, mas os seus grandiosos sucessos não me agradam, porque tenho conhecimento de como a divindade é invejosa. E também, de algum modo, quero que eu mesmo e aqueles

---

95. Região localizada na Ásia Menor. A Iônia era uma das três regiões que formavam a Hélade, as outras duas eram a Dória e a Eólia.

96. Pequena lacuna do manuscrito.

97. Mais uma vez, percebemos que Heródoto traz um conceito considerado essencialmente da Hélade, como o de hospedagem, quando Amásis afirma que Polícrates era seu anfitrião, ou mesmo antes, quando o historiador afirma que eles fizeram um acordo de hospitalidade, grafado em iônio ξεινίη (*xeiníē*). Havia entre os helenos as chamadas regras de hospedagem que compreendiam o máximo de respeito ao homem que o recebesse em sua morada. E Alexandre ou Páris quebrou tais regras, o que era considerado uma ofensa não somente ao humano, mas também a Zeus Xênios, o deus que regia as normas de hospedagem. Tal costume já aparece em Homero, quando Odisseu chega à ilha dos Feácios e é recebido pelo rei Alcínoo, consultar *Odisseia*, Cantos VI e VII.

com os quais eu me preocupo tenham sucesso nos seus empreendimentos, mas também o fracasso; e assim, atravessar a vida alternando os acontecimentos que tendo sucesso em todos os empreendimentos. Pois não conheço, por ter ouvido um relato sobre alguém, um que tenha seguido para um final que terminasse mal, até o seu último grau, depois de ter tido sucesso em todos os seus empreendimentos. Portanto, se tu fores convencido por mim, faz o que se segue com relação aos seus sucessos. Depois de refletires, encontras aquilo que seja mais valioso, e por aquilo que se fosse destruído, tu sofrerias mais na alma, e afasta isso de ti, assim de modo que não mais o venha à presença dos homens. E se não fores até o último grau do mal e, mesmo depois disso, os sucessos acontecerem contigo com os sofrimentos, tem o comportamento que te é apresentado por mim e cura-te.".

41. Depois de ter compreendido isso, Polícrates pôs em sua mente que Amásis lhe havia aconselhado bem, e procurou algo dentre os seus tesouros que, se fosse destruído, o deixaria com a sua alma desgostosa, e após ter procurado, ele encontrou o objeto que se segue. Ele tinha um sinete incrustrado em ouro que ele costumava carregar, que estava em uma pedra de esmeralda, e que era uma obra de Teodoro de Samos[98], filho de Télecles[99]. Portanto, visto que Polícrates pensou que seria bom jogá-lo fora, ele fez as seguintes coisas: embarcou em uma nau de cinquenta remos e equipada com a capacidade máxima de

---

98. Um famoso arquiteto, conforme depreendemos deste relato de Diógenes Laércio, II, 103: "Houve vinte personagens com o nome de Teôdoros: primeiro, um sâmio, filho de Roicos; partiu dele o conselho para colocarem o rescaldo de carvão vegetal sob as fundações do templo de Éfesos (sendo o terreno muito úmido, o carvão, livre das fibras lígneas, adquiria uma solidez impenetrável à água).". Tradução Mário da Gama Kury. In: Diôgenes Laêrtios. *Vidas e Doutrinas dos Filósofos Ilustres*. Tradução do Grego, Introdução e Notas Mário da Gama Kury. Brasília: UnB, 1977. Convém ressaltar que a grafia dos nomes foi mantida conforme o original citado, e que ela não se assemelha à utilizada neste livro por nos pautarmos em uma obra mais recente de Maria Helena Prieto constante nas referências bibliográficas deste *Livro III – Talia*.

99. Não dispomos de informações sobre essa personagem. Destacamos ainda que Diógenes Laércio atribui a filiação de Teodoro de Samos a Rócio, enquanto Heródoto afirma que seu pai é Télecles.

homens; depois disso, ordenou que ela fosse conduzida até o alto-mar; que fosse longe da ilha, quando estava bem distante dela, retirou o sinete diante dos olhares de toda a sua tripulação e o atirou no alto--mar. Depois de ter feito isso, ele afastou-se com a nau em direção ao seu palácio, e lá ficou infeliz.

42. Mas no quinto ou sexto dia depois desses acontecimentos, ocorreu-lhe os fatos que se seguem. Um homem, um pescador, apanhou um grande e belo peixe que era digno de ser dado como um presente a Polícrates. Então, ele os trouxe até as portas do seu palácio para oferecê-lo a Polícrates, e disse que gostaria de ir à sua presença, e depois de ter entrado no palácio dele, oferecendo-lhe o peixe, disse o seguinte: "– Ó rei, eu escolhi este peixe porque julguei que ele não era digno de ser levado à ágora[100], embora não esteja preparado, mas parece-me que é digno de ti e do teu poder; então, trago-o para ofertá-lo a ti.". E Polícrates se alegrou com o presente e disse-lhe em resposta as seguintes palavras: "– Tu fizeste muito bem e me agradaste duas vezes pelas tuas palavras e pelo teu presente; e convido-te para jantar comigo.". Então, o pescador, dando muita importância ao seu convite, foi para a sua casa. E quando o peixe foi cortado, os servos encontraram o sinete no seu baixo-ventre e eles ficaram satisfeitos por terem encontrado o sinete de Polícrates; e quando o viram, eles o pegaram o mais rápido possível e o levaram com alegria para Polícrates, e eles o entregaram para o rei e lhe contaram de que modo eles o haviam encontrado. Porque ele percebeu que se tratava de um evento trazido por uma divindade, ele escreveu em um papiro todos os feitos que havia realizado e aqueles que tinha planos de realizar no futuro, e enviou o seu escrito para o Egito.

43. E Amásis, pensando no papiro que lhe chegara da parte de Polícrates, compreendeu que seria impossível retirar de um homem o fato que deveria ocorrer com esse homem e que não iria terminar

---

100. Praça principal de uma cidade helena, com construções públicas, templos e comércios, na qual eram realizadas as assembleias e os debates entre os cidadãos, considerado um espaço de manifestação da cidadania. Com está evidente pelo contexto, neste caso, ágora assume o significado de mercado, revelando o local onde o pescador iria negociá-lo.

bem aquele que obtém sucesso em todos os seus empreendimentos, a ponto de encontrar as coisas que ele havia jogado fora. E Amásis enviou um arauto para Samos a fim de dissolver o tratado de hospitalidade feito por ambos. E ele fez isso por causa do seguinte: a fim de que não compartilhasse o destino do grande mal que sobreviria a Polícrates, por ser seu anfitrião, e que não causasse dor à sua alma.

44. Nesse momento, os lacedemônios estavam realizando uma expedição militar contra Polícrates, portanto, o que obtinha sucesso em todos os seus empreendimentos; os lacedemônios haviam sido convocados pelos sâmios, com os quais, mais tarde fundaram a colônia de Cidônia[101], na ilha de Creta[102]. Polícrates havia enviado, às escondidas dos sâmios, um arauto à presença de Cambises, filho de Ciro, para convocá-lo a reunir um exército contra o Egito, solicitando-lhe para que enviasse alguém dele mesmo para Samos, a fim que solicitasse aos sâmios um exército. E depois de ter ouvido essas palavras, Cambises com boa vontade enviou um papiro a Samos no qual solicitava a Polícrates que lhe enviasse uma esquadra naval para que avançasse junto com ele contra o Egito. E Polícrates, após ter escolhido quarenta homens dentre os cidadãos que ele mais suspeitava de que participariam de uma revolta contra ele, ele os mandou partir em trirremes, ordenando a Cambises que não os mandasse de volta.

45. De fato, uns dizem que os sâmios mandados embora por Polícrates não retornaram ao Egito, mas que, quando eles estavam navegando na costa de Cárpatos[103], conversaram uns com os outros, e a opinião que lhes agradou foi a de não mais navegarem para

---

101. Cidade localizada na região sul da ilha de Creta.

102. A maior ilha da Hélade, localizada no Mar Egeu.

103. Ilha que faz parte do complexo de ilhas chamado de Dodecaneso, localizada no extremo leste do Mar Egeu, muito próxima à região da Ásia Menor. Embora o complexo seja conhecido como Dodecaneso, é composto por cento e sessenta e três ilhas, com doze principais: Rodes, Cós, Astipaleia, Clímnos, Cárpatos, Cassos, Castelorizo, Leros, Nísiros, Patmos, Simi e Tilos. A ilha de Rodes é a mais importante delas, com maior projeção histórica e econômica do complexo, e muito famosa por abrigar o chamado Colosso de Rodes, uma gigantesca estátua do deus

além daquele ponto; outros dizem que eles chegaram ao Egito e que, mesmo estando sob vigilância, eles desertaram de lá. E quando completou o seu percurso de navegação para Samos, Polícrates posicionou-se com suas naus e se colocou diante deles; mas os sâmios que retornavam saíram vencedores do combate e foram para a ilha, mas quando travaram um combate em terra, eles foram vencidos nessa batalha; e assim, de fato, navegaram em direção à Lacedemônia[104]. E há aqueles que dizem que, quando os sâmios vinham do Egito, venceram Polícrates, mas me parece que não eles falam com correção; pois não havia nenhuma necessidade de que eles chamassem os lacedemônios, se é verdade que eles eram suficientes para subjugar Polícrates. Diante desses fatos, o relato deles não é sustentável; um homem que tinha guardas mercenários e arqueiros da própria região em grande número, e que ele tivesse sido derrotado pelos sâmios que estavam retornando e que eram poucos. Dentre os cidadãos que estavam sob o seu domínio, Polícrates reuniu as crianças e as mulheres em compartimentos do estaleiro sâmio; estava disposto, se eles o traíssem em favor dos que estavam retornando, a colocar fogo nesses compartimentos do estaleiro.

46. Depois que os sâmios foram expulsos por Polícrates, eles partiram em direção a Esparta, e lá foram colocados na presença dos magistrados[105] e falaram durante muito tempo, porque tinham necessidades de muitas espécies. Mas, na primeira apresentação que eles fizeram, os éforos responderam que não haviam apreendido o que eles tinham dito desde o início e que não acompanhariam as palavras seguintes. Depois disso, logo propuseram

---

Apolo, considerada uma das sete maravilhas do mundo antigo, datada de 280 a.C., construída pelo escultor Cares de Lindo.

104. Localizada na península do Peloponeso, tal região também era conhecida como Lacônia.

105. Os magistrados de Esparta eram chamados de éforos, cinco cidadãos espartanos eleitos anualmente para exercer o cargo de éforo, que em grego grafa-se ἔφορος (*éphoros*) que deriva de ἐπί (*epí*) "sobre" e ὁράω (*horáō*) "ver", ou seja, "aquele que olha", "aquele que vigia", também está na raiz do verbo ἐφοράω (*ephoráō*), que significa "olhar", "vigiar", "observar".

que não falariam mais sobre qualquer outra coisa; após terem trazido um saco de grãos, eles disseram que o saco precisava de alimentos. E os magistrados responderam-lhes que haviam se excedido em cuidados nas palavras para com o saco de grãos; mas que eles julgavam justo socorrê-los.

47. Em seguida, os lacedemônios começaram os preparativos para realizarem uma expedição militar contra Samos; conforme esses sâmios dizem, eles estavam retribuindo uma boa ação, porque antes eles mesmos os haviam socorrido com suas naus contra os messênios[106]; mas, conforme os lacedemônios dizem que realizaram a expedição militar, não porque aqueles sâmios estavam lhes pedindo e queriam retribuir-lhes os favores, mas tanto porque queriam se vingar[107] do roubo da cratera que outros sâmios levavam para Creso, também da couraça que Amásis, o rei do Egito, enviou-lhes de presente[108]. De fato, os sâmios haviam roubado a couraça um

---

106. Os messênios eram um povo vizinho dos espartanos que os tranformaram em servos da cidade após as chamadas Guerras da Messênia, duas entre os séculos VII e VI a.C. Tais homens eram conhecidos como hilotas, e periodicamente se rebelavam contra o domínio de Esparta. Embora tenham realizado várias revoltas, os hilotas foram libertados de fato somente no século IV a.C., quando Esparta foi vencida em batalha pelo tebano Epaminondas, mais precisamente na Batalha de Leuctros, em 371 a.C.

107. No único escrito que nos chegou sobre a crítica da obra de Heródoto, Plutarco desmente o afirmado pelo historiador com os seguintes argumentos: "Que os lacedemônios não realizaram a expedição para se vingarem dos sâmios, mas para salvá-los e libertá-los do tirano, utilizando o testemunho dos próprios sâmios. Afirmam que, para Árquias, um cidadão espartano que lutou com brilhantismo ali e depois tombou morto, havia um túmulo erigido em Samos por conta do erário público e que era honrado por eles. Em razão disso, seus descendentes mantiveram a amizade e a cordialidade com os sâmios, como o próprio Heródoto, pelo menos, testemunha." (*Da malícia de Heródoto*, 860C). In: Plutarco. *Da malícia de Heródoto*. Estudo, tradução e notas Maria Aparecida de Oliveira Silva. São Paulo: Edusp/Fapesp, 2013.

108. Plutarco assim critica este episódio relatado por Heródoto: "No terceiro livro, discorrendo sobre a expedição dos lacedemônios contra o tirano Polícrates, afirma que os próprios sâmios consideravam e diziam que, para lhes retribuírem o favor por sua ajuda contra os messênios, realizavam a expedição militar para buscar os cidadãos exilados e guerrear contra o tirano. Os lacedemônios negam

ano antes da cratera, a couraça era de linho, inteiramente tecida com imagens, adornada com ouro e bordados da sua própria lã; e por causa desses detalhes, cada um dos fios da couraça é digno de admiração; pois, embora fosse delgada, a couraça tinha nela mesma trezentos e sessenta fios, todos visíveis. Existia outra da mesma natureza e que Amásis dedicou[109] à Atena[110] de Lindo[111].

48. Os coríntios com boa vontade também participaram de sorte a realizar uma expedição militar contra Samos[112]. Pois um ultraje também houve contra eles, ocorrido na terceira geração anterior

---

tal motivo e afirmam que nem para os socorrer nem libertar, mas que realizaram a expedição militar para se vingar dos sâmios, porque lhes arrebataram uma cratera por eles enviada a Creso e uma antiga couraça de Amásis. Todavia, naquele tempo, não conhecemos cidade mais honrada, assim como não mais odiosa à tirania como a dos lacedemônios. Por qual couraça ou alguma outra cratera expulsaram os Cipsélidas de Corinto e da Ambrácia, Lígdamis de Naxos, os filhos de Pisístrato de Atenas, Ésquines de Sícion, Símaco de Tasos, Áulis da Fócida e Aristógenes de Mileto, e puseram termo à dinastia na Tessália, quando destruíram Aristomedes e Agelau por ação do rei Leotíquidas? Em outros autores, esses fatos são registrados com mais exatidão.". (*Da malícia de Heródoto*, 859B-D)

109. Heródoto descreve assim: "E Amásis [...] dedicou [...] uma couraça de linho digna de ser vista para o templo de Atena em Lindo". Cf. Heródoto, *Histórias*, II, 182. In: Heródoto. *Op. cit.*

110. Filha de Zeus e Métis, esta foi engolida por Zeus antes de conceber Atena, por conta de um oráculo que o alertava sobre o perigo de terem juntos um filho, pois ele destronaria Zeus. Então, Atena foi costurada na cabeça de seu pai, para que ali findasse sua gestação.

111. Cidade situada em Rodes, que era a maior ilha helena do complexo ilhéu conhecido por Dodecaneso situado no extremo leste do Mar Egeu, muito próxima à região da Ásia Menor.

112. Novamente Plutarco se contrapõe ao afirmado por Heródoto, e ainda cita outras obras que trazem relatos distintos dos do historiador, conforme lemos a seguir: "E o mais importante é por que algum dia os coríntios se iraram contra os sâmios, se quiseram, e não foram capazes de salvar os filhos dos corcireus, e não acusaram os cnídios que os salvaram e libertaram? Todavia, a respeito disso, os corcireus não falam muito sobre os sâmios e rememoram os cnídios, que os cnídios recebiam deles honras, isenções fiscais e decretos favoráveis. Pois os cnídios avançaram com sua esquadra naval e expulsaram os guardas de Periando do templo, enquanto os sâmios embarcavam os jovens para transportá-los a Córcira,

a essa expedição militar, não na mesma época em que ocorreu o roubo da cratera. Pois, trezentos[113] filhos dos cidadãos mais importantes da Córcira[114], Periandro[115], filho de Cípselo[116], enviou Sárdis para o palácio de Aliates[117] para castração[118]. Mas, porque aqueles que estavam encarregados de levar os filhos dos coríntios desviaram para Samos, os sâmios foram informados sobre a história, sobre os acontecimentos que os levaram a Sárdis, os sâmios instruíram os rapazes a se colocarem em contato com o templo[119]

---

conforme relatam Antenor em sua *História dos Cretenses* e Dionísio Calcídio em suas *Fundações.*". (*Da malícia de Heródoto,* 860B-C)

113. Consultar a crítica de Plutarco em *Da malícia de Heródoto*, 859D-860A, em que o autor de Queroneia julga absurda a argumentação de Heródoto sobre os trezentos corcireus enviados para serem castrados e se tornarem eunucos.

114. Ilha da Hélade localizada no Mar Egeu, próxima à Ásia Menor.

115. Filho do tirano Cípselo, 627-585 a.C., sucedeu o pai na tirania.

116. Tirano de Corinto, 657-627 a.C., filho de Labda, uma descendente dos Baquíadas, que foram depostos por Cípselo. O nome do tirano deriva de *kypsélē* (κυψέλη), que significa "caixa". A mãe de Cípselo sofria de uma deformação e por isso não conseguia se casar; por isso, rompendo sua tradição de endogamia, os Baquíadas permitiram que ela se casasse com Etíon, um desconhecido. No entanto, quando Lambda ficou grávida, por temerem a presença de uma criança fora de seus padrões, seus familiares planejaram matá-la. Então, após dar à luz o seu filho, Lambda o escondeu uma caixa, evitando assim que seus parentes o assassinassem.

117. Quarto rei da Lídia, reinou de 600 a 560 a.C. Aliates ficou conhecido por seus sucessivos saques à cidade de Mileto, e principalmente por ter assegurado a hegemonia da Lídia na região, sendo um dos reis mais bem-sucedidos da dinastia dos Mérmnadas.

118. O objetivo dessa castração era tornar esses jovens eunucos, depois colocá-los como guardiães das mulheres do reino. O termo eunuco vem do grego εὐνοῦχος (*eunoûkhos*) que significa literalmente "guardião do leito", por extensão, "guardião de mulheres". Doravante, os verbetes gregos de *ε* a *ι* são oriundos do *Dicionário Grego-Português E-I*. Coord. Daisi Malhadas, Maria Celeste Consolin Dezotti e Maria Helena de Moura Neves. São Paulo: Ateliê, 2007.

119. A ideia de sugerir aos filhos dos coríntios para se manterem em contato com a deusa Ártemis tem como fundamento a prática dos helenos de se refugiarem nos

de Ártemis[120]; depois disso, os sâmios os observaram a movimentação dos jovens, e não arrastaram os suplicantes para fora do templo, mas os coríntios impediram a entrada de alimentos para esses rapazes; os sâmios realizaram uma festa, a qual celebram ainda hoje, conforme foi realizada a primeira. Pois, quando se tornou noite, durante todo o tempo em que os rapazes foram suplicantes, estabeleciam coros de jovens e moças, e esses coros que eram instituídos levavam, conforme o costume, bolos de sésamo e de mel[121], a fim de que os rapazes corcireus os roubassem e tivessem seu alimento. E isso aconteceu até o momento em que se sucedeu o seguinte, até que os coríntios que estavam lá como seus guardas partiram e os deixaram para trás; e os sâmios mandaram os rapazes de volta para Córcira.

49. Portanto, se depois de Periandro ter morrido, os coríntios tivessem amizade pelos corcireus, não teriam se unido à expedição militar contra Samos por esse motivo; mas, na verdade, sempre, assim que eles colonizaram a ilha, houve discórdia entre uns e os outros[122], embora fossem do mesmo sangue. Portanto, por causa

---

templos como suplicantes. Assim, eles eram acolhidos no recinto e, segundo as normas religiosas da Hélade, os suplicantes tinham o direito de lá permanecerem sem que fossem capturados pelos seus perseguidores. No entanto, em época de guerra, nem sempre essa norma era observada, especialmente à época da Guerra do Peloponeso, combate travado entre Esparta e Atenas e seus respectivos aliados.

120. Filha de Zeus e Leto, irmã gêmea de Apolo, era conhecida como a deusa da caça e protetora do parto. Apolo era representado com as armas douradas e associado ao Sol; já a deusa, com armas argênteas, era associada à Lua; consultar: *Hino a Ártemis* e *Hino a Apolo*, atribuídos a Homero.

121. Pode se tratar de uma simulação de festa de casamento, pois havia o hábito entre os helenos de preparar bolos de sésamo e mel e oferecê-lo à noiva no dia do seu casamento. Outro dado interessante é que Ártemis era cultuada nesse dia como símbolo da inocência juvenil, da virgindade que se perde neste dia, por isso a noiva lhe ofertava todos os seus brinquedos. Portanto, tal festividade não foi por acaso realizada diante do seu templo, nem que jovens e moças a tenham realizado.

122. Tucídides afirma que a batalha naval mais antiga ocorrida na Hélade foi travada entre corcireus e coríntios. Para mais detalhes, consultar Tucídides, *História da Guerra do Peloponeso*, I, 13.

desses acontecimentos, os coríntios guardavam rancor dos sâmios. E quando Periandro escolheu os filhos dos homens mais importantes e os enviou para Sárdis para a castração, ele estava se vingando deles; pois os corcireus foram os primeiros que começaram a fazer isso quando realizaram um ato iníquo.

50. Pois, quando Periandro matou a sua mulher Melissa[123], e outro evento infeliz aconteceu e veio se somar ao que ela já havia feito no passado, que é o que se segue. Ele tinha dois filhos de Melissa, um com dezessete anos de idade e o outro com dezoito anos de nascido. O avô materno deles Procles[124], que era tirano de Epidauro[125], mandou buscá-los para que ficassem juntos dele, e eles os acolheu bem, como era natural, porque eles eram filhos de sua própria filha. E quando ele os mandou de volta para casa, ele lhes disse o seguinte enquanto os acompanhava: "– Acaso sabeis, meninos, quem matou vossa mãe?". Enquanto o mais velho deles não deu nenhuma importância a essas palavras, o mais novo, cujo nome era Lícofron[126], ele sentiu uma dor intensa quando ouviu isso, de sorte que, depois de ter chegado em Corinto[127], como sentia que o pai era o assassino da sua mãe, não lhe dirigia a palavra quando o pai conversava

---

123. A respeito deste fato, temos o seguinte relato de Diógenes Laércio, I, 94: "Em certa época, num acesso de cólera, Periandros golpeou com um escabelo sua mulher grávida, ou deu-lhe um pontapé, e a matou, acatando as insinuações maliciosas de suas concubinas, que depois mandou queimar vivas". Antes, o autor afirma que o nome de sua mulher era Lisida, mas que ele a chamava de Melissa; interessante notar que esse nome era usado para as cortesãs no período clássico ateniense. (Tradução Mário da Gama Kury. In: *Op. cit.*) A grafia do nome de Periandro foi mantida conforme o original citado, embora não se assemelhe à utilizada neste livro, por nos pautarmos em uma obra mais recente de Maria Helena Prieto constante nas referências bibliográficas deste *Livro III – Talia.*

124. Tirano de Epidauro no século VI a.C.

125. Cidade da Hélade localizada na região da Argólida, famosa por seu imponente teatro e pelo templo de Asclépio, deus da medicina, onde os antigos iam em busca da cura para as mais diversas doenças.

126. Não dispomos de mais informações sobre essa personagem.

127. Cidade da Hélade situada na península do Peloponeso, nas proximidades do Golfo de Corinto, que separa a península do Peloponeso da Ática.

com ele, nem para qualquer oportunidade de conversarem; quando ele lhe contava uma história, não lhe dava a palavra para nenhum relato. Por fim, Periandro ficou muito irritado com ele e o expulsou do seu palácio.

51. E depois de ter expulsado o seu filho mais novo, Periandro investigou junto ao seu filho mais velho o que o seu avô materno lhes havia dito. E ele lhe contou que seu avô havia lhes recebido com acolhimento, mas aquelas palavras que Procles lhes dissera, quando lhe mandara de volta para casa, como ele não as compreendeu, não as mencionou. Mas Periandro disse que não era possível que não houvesse nenhum ardil proposto por ele aos seus filhos, e persistiu investigando-o; e ele se lembrou e disse o que seu avô lhes dissera. E Periandro entendeu o significado disso e não quis dar nenhuma facilidade para o filho que havia sido expulso por ele, e elaborou um decreto que enviou por um mensageiro para anunciar aos cidadãos que não o recebessem em suas casas; mas o filho, quando era expulso, ia para outra casa, e também era expulso dessa casa, porque Periandro proibia que ele fosse acolhido pelos seus anfitriões, ordenando-lhes que o mandassem embora. E porque era expulso por seus companheiros, ele ia de um para outro; mas, porque ele era filho de Periandro, embora o temessem, eles o recebiam do mesmo modo.

52. Por fim, Periandro fez proclamar por meio de um arauto um decreto que quem, ou recebesse Lícofron em sua casa, ou conversasse com ele, deveria pagar uma multa consagrada ao deus Apolo[128], e que ele diria de quanto seria. Portanto, diante desse decreto anunciado pelo arauto, ninguém queria conversar com ele nem recebê-lo em sua casa; além disso, ele mesmo não julgava justo tentar o que fora proclamado, mas, porque estava obstinado, ele circulava pelos pórticos. No quarto dia, Periandro, quando viu que ele se encontrava sem tomar banho e sem se alimentar, sentiu piedade dele; diminuindo a sua cólera, aproximou-se dele e disse: "– Filho,

128. Filho de Zeus e Leto, irmão gêmeo da deusa Ártemis, é considerado o deus da adivinhação e da música, conhecido também por sua excepcional beleza física.

qual dessas coisas é mais preferível, essas que agora te sucedem, porque as escolheste voluntariamente, ou herdar as coisas que eu tenho como a tirania e os meus bens, porque essas são as ações convenientes para o seu pai? Que és o meu filho e herdeiro do trono da próspera Corinto, escolheste uma vida errante, porque te revoltaste e nutriste a cólera contra quem tu menos precisa ter tais sentimentos. Pois se alguma desventura ocorreu nesses acontecimentos, e por causa disso sustentas uma suspeita contra mim, na medida em que eu próprio a realizei. Tu, quando compreenderes o quanto é melhor ser invejado que ser alvo de piedade, e ao mesmo tempo que sentir qualquer raiva contra seus pais e os mais poderosos, retorna para o teu palácio!". Periandro o surpreendeu com tais palavras, mas ele não fez outra coisa que não responder o seu pai, mas disse-lhe que ele devia pagar a multa sagrada ao deus, porque ele tinha vindo dialogar com ele. E depois de ter compreendido que o mal do seu filho não tinha saída e que não era fácil de ser vencido, Periandro mandou-o embora em uma embarcação para a Córcira, enviando-o para longe dos seus olhos; pois ele também dominava esse lugar. E depois de ter enviado o seu filho para lá, Periandro realizou uma expedição militar contra o seu sogro Procles, e ele tanto se apossou da cidade de Epidauro como capturou Procles e o prendeu ainda vivo[129].

53. Visto que o tempo estava avançando, Periandro já estava em idade avançada, ele reconheceu em si mesmo que não era mais capaz de observar e de conduzir os assuntos públicos, ele enviou alguém para Córcira para chamar Lícofron de volta para ocupar sua tirania; pois, de fato, ele não notava inteligência no mais velho dos seus filhos, mas ele lhe mostrava claramente que tinha o espírito mais lento. Mas Lícofron julgou que a mensagem que lhe havia sido levada não era digna de uma resposta. E Periandro, pressionado pelo jovem, enviou-lhe, pela segunda vez, uma mensagem pela sua própria irmã, que era sua filha, pensando que ele seria mais

129. A prisão de um inimigo ainda em vida significava uma humilhação para o capturado, visto que não fora capaz de se sacrificar pela própria liberdade, ao mesmo tempo em que servia de troféu para quem o venceu.

convencido por ela. Depois de ela ter chegado, disse: "– Ó menino, desejas mais que a tirania caia nas mãos de estranhos e a casa de nosso pai seja saqueada que tu mesmo retornes para tomar posse de seus bens? Retorna para o nosso palácio, para de punir-te com esta pena. A obstinação é uma aquisição funesta; não cures o mal com o mal[130]. Muitos preferem a equidade à justiça[131]. Muitos já abandonam as coisas paternas por procurarem as maternas. A tirania é uma coisa incerta, muitos são os amantes dela, mas nosso pai já está envelhecendo e com a idade avançada; não dês os teus próprios bens a estranhos.". De fato, ela foi instruída pelo seu pai a respeito das palavras mais persuasivas que ela deveria dizer para seu irmão; mas ele, em resposta, disse que de modo algum retornaria a Corinto, enquanto ele fosse informado de que seu pai continuava vivo. Depois de ela ter anunciado ao seu pai a resposta de Lícofron, pela terceira vez, Periandro enviou um arauto determinando que ele próprio iria para Córcira, e pediu ao seu filho que fosse para Corinto e que, quando lá estivesse, ele se tornaria o sucessor da sua tirania. Porque seu filho concordou com suas determinações, Periandro se preparou para ir a Córcira, enquanto seu filho se preparava para ir a Corinto. Mas, quando os corcireus souberam de cada detalhe dos fatos, a fim de que Periandro não chegasse ao seu território, eles mataram o jovem. Diante desses acontecimentos, Periandro se vingou dos corcireus.

54. E os lacedemônios, como chegaram com uma grande força militar, sitiaram a cidade de Samos. Eles atacaram a sua muralha e ergueram uma torre que dava de frente para o mar e avançaram pelo subúrbio da cidade; mas depois, quando o próprio Polícrates

---

130. Em grego μὴ τῷ κακῷ τὸ κακὸν ἰῶ (*mḕ tōi kakōi tò kakòn iō̃*), ou seja, "não cures o mal com o mal", é um provérbio da Hélade muito citado nas peças teatrais do período clássico.

131. O pensamento exposto pela irmã de Lícofron é parte de uma máxima helena sobre a questão dos assuntos estritamente jurídicos (τῶν δικαίων) (*tō̃n dikaíōn*) ou seja, relacionados à justiça, e os assuntos que são equânimes (τὰ ἐπιεικέστερα) (*tà epiesikéstera*), que priorizam a equidade, não a lei instituída. Aristóteles reflete sobre essas questões em suas obras, Cf. *Ética a Nicômaco*, 1137b e *Retórica*, 1374b.

veio com um numeroso exército para socorrê-los, eles bateram em retirada. E os mercenários e numerosos sâmios saíram por cima da torre e subiram no cume da montanha, engajando-se contra os lacedemônios, mas, pouco tempo depois, eles recuaram em fuga; enquanto os lacedemônios os perseguiam e os matavam.

55. Portanto, se os lacedemônios não estivessem presentes e tivessem combatido igual a todos durante aquele dia, como Árquias e Licopes[132], Samos teria sido capturada. Pois Árquias e Licopes foram os únicos que penetraram na cidade, enquanto os sâmios fugiam para a muralha, porém, quando eles estavam retornando pela estrada interceptada, foram mortos na cidade dos sâmios. Eu próprio encontrei, em Pítane[133] (que era um dos demos[134] dessa região), um descendente da segunda geração de Árquias, com outro que também se chamava Árquias, filho de Samos e neto de Árquias, que, dentre os estrangeiros, era o mais honrado pelos sâmios, e ele me disse que seu pai, que já estava morto, havia recebido o nome de Samos, porque o seu pai Árquias havia sido muito corajoso na batalha em Samos, ali morreu; e ele disse ainda que os sâmios o honraram porque o funeral do seu avô foi bem realizado pelos sâmios, às expensas da cidade[135].

---

132. As informações que dispomos sobre essas personagens estão contidas neste relato de Heródoto.

133. Um dos povoados da Lacedemônia. Pausânias, em sua obra *Descrição da Grécia*, III, 16, afirma que Pítane estava entre os cinco povoados que deram origem à cidade de Esparta.

134. Notamos que Heródoto utiliza o termo δῆμος (*dē̆mos*) para se referir a um distrito da Lacedemônia; no entanto, como nos informa Aristóteles em sua *Poética*, 1448a: "[os lacedemônios] chamam suas aldeias de *kō̆mas*, enquanto os atenienses as chamam de *dē̆mous*". Assim, em grego dórico, κώμας (*kō̆mas*) significa "aldeias", enquanto, em grego ático, δήμους (*dē̆mous*) significa "distritos".

135. Outro costume que nos remete às práticas culturais da Hélade, pois os seus heróis, considerados semideuses, ou mortais que realizaram ações heroicas, tinham seus funerais realizados por conta da cidade e recebia todas as honras dos seus cidadãos.

56. E os lacedemônios, porque haviam sitiado Samos por quarenta dias e não haviam obtido nenhum avanço nos seus empreendimentos, retornaram para o Peloponeso. E a história mais tola começou a ser contada, de que Polícrates teria oferecido aos lacedemônios um grande montante de moedas talhadas em chumbo, conforme o uso da região, também cobertas de ouro, e porque eles as receberam; assim, de fato, eles abandonaram a cidade. Essa foi a primeira expedição militar que os dórios, que eram lacedemônios, realizaram contra a Ásia.

57. E que os sâmios que também realizavam uma expedição militar contra Polícrates, visto que os próprios lacedemônios tinham a intenção de abandoná-los, eles também zarparam para Sifnos[136]. Pois os sâmios necessitavam de dinheiro, e os negócios dos sífnios estavam florescendo durante essa época, e eram os mais ricos dentre os ilhéus, porque tinham minas de ouro e de prata na sua ilha, tanto que, com o dízimo que arrecadaram delas, desse dinheiro erigiram um tesouro em Delfos[137] semelhante aos dos povos mais ricos[138]; e eles costumavam distribuir entre si, a cada ano, o dinheiro gerado nas minas. Quando estavam erigindo o seu tesouro, eles consultaram o oráculo para saberem se seria possível que as riquezas

---

136. Ilha da Hélade que integra o complexo de ilha conhecido por Cíclades – que recebia esse nome por sua distribuição no mar formarem um círculo –, localizada no Mar Egeu, não muito distante de Atenas, cerca de 130 quilômetros do Pireu, o maior e mais importante porto ateniense do período clássico.

137. Santuário localizado aos pés do Monte Parnaso, considerado o umbigo do mundo, que abrigava o santuário de Apolo, famoso por seus oráculos.

138. Os antigos habitantes da Hélade (mas não somente, pois tempo notícias de que persas e lídios, por exemplo), consultavam o seu famoso oráculo e o cultuavam. Como agradecimento aos vates proferidos pela sacerdotisa pítica, por intermédio de quem o deus Apolo proferia seu oráculo, os povos tinham o hábito de erigir monumentos suntuosos, que ainda podem ser vistos no sítio arqueológico da cidade de Delfos, os quais chamavam de θησαυρός (*thēsaurós*), ou seja, "tesouro". Local em que eles depositavam suas oferendas ao deus, como vasos, crateras, cinturões, estátuas etc., em geral confeccionados em material nobre, como ouro e prata.

que se apresentavam permaneceriam por muito tempo, e a Pítia[139] proferiu-lhes o oráculo por meio de tais versos[140]:

> *Mas quando, em Sífnos, o pritaneu[141] se tornar branco*
> *e branca a sobrancelha[142] da ágora, então deve haver um homem prudente*
> *para perceber a emboscada de madeira e o arauto vermelho.*

Naquela época, a ágora e o pritaneu dos sífnios eram trabalhados com mármore pário[143].

---

139. Sacerdotisa de Apolo que cumpria o dever de pronunciar o oráculo do deus ao seu consulente. De acordo com os relatos dos antigos, a Pítia entrava em transe divino quando consultava os oráculos, pois entrava em contato com vapores sagrados. Hoje sabemos que se trata de gás etileno que a região onde está localizado o oráculo exala.

140. A sacerdotisa de Apolo costumava proferir os oráculos em versos hexâmetros dactílicos. Conforme vemos no tratado *Do oráculo da Pítia*, Plutarco constrói seu diálogo em torno do debate sobre a imperfeição linguística e métrica de muitos oráculos que são pronunciados em nome de Apolo, poetas e Musas (396D). A partir desse argumento, em debate com diversas personagens, Plutarco reflete sobre o processo de elaboração e expressão das palavras oraculares, permeado pela questão central posta na correlação que se estabelece entre o fim dos vates versificados e a decadência da mântica em sua época.

141. Local consagrado à deusa Héstia, regente das regras de hospitalidade, conhecida como a Deusa da Lareira. O Pritaneu, "Salão da Cidade", era uma construção encontrada nas maiores cidades helenas destinada à recepção de hóspedes ilustres que usufruíam da lareira citadina.

142. Em grego λεύκοφρύς (*leúkophrýs*) significa "de sobrancelhas brancas", que pode também, no caso da ágora, ser interpretado como "coroado de branco". A Pítia se refere à riqueza alcançada pelos sífnios, visto que o mármore pário era típico de cidades ricas, dado o seu alto valor no mercado. Para mais detalhes sobre o mármore pário, consultar a nota a seguir. Como os oráculos era proferidos em linguagem ambígua e nem sempre decifrável, entenderemos os significados de "emboscada de madeira" e o "arauto vermelho" na sequência da narrativa herodotiana.

143. Heródoto grafa Παρίῳ λίθῳ (*Paríōi líthōi*), que significa literalmente "pedra pária", como era chamado o mármore pário. Como o próprio nome diz, trata-se de uma pedra retirada da ilha de Paros, que produzia o mármore que era considerado o melhor de todos, por ser o mais branco, de uma aparência extremamente polida e

58. Mas os sífnios não foram capazes de compreender esse oráculo, nem no momento em que ele foi proferido nem quando os sâmios chegaram. Assim que os sâmios chegaram em Sifnos, rapidamente, eles enviaram-lhes embaixadores em uma das suas naus para conduzi-los à sua cidade. Nos tempos antigos, todas as naus eram pintadas com vermelho terra; e a Pítia estava anunciando isso para os sífnios, pedindo que se precavessem contra a "emboscada de madeira" e o "arauto vermelho". Quando os mensageiros chegaram, pediram aos sífnios que lhes emprestassem dez talentos; mas, porque os sífnios disseram que não emprestariam o dinheiro para eles, os sâmios pilharam os territórios deles. Depois de os sífnios terem sido informados sobre o ocorrido, eles rapidamente vieram para socorrê-los e se unirem na luta com os que estavam sendo pilhados, quando eles foram vencidos pelos sâmios, e maioria deles foi impedida pelos sâmios de retornar à sua cidade. E, depois disso, eles cobraram dos sífnios a quantia de cem talentos.

59. E em troca desse dinheiro, os sâmios obtiveram dos hermíones[144] a ilha de Hidrea[145] que fica nas imediações do Peloponeso, e a confiaram aos trezênios[146]; mas eles mesmos se estabeleceram em Cidônia, na ilha de Creta, apesar de eles não terem navegado para isso, mas para expulsar os zacíntios[147] da ilha. E os sâmios permaneceram nessa ilha e foram prósperos durante cinco anos, de sorte que os templos existentes em Cidônia são hoje esses que

---

com um certo grau de transparência. Por sua qualidade, o mármore de Paros era o preferido dos grandes escultores e estava presente nas grandes edificações das cidades da Hélade, em especial, no período clássico.

144. Habitantes de Hermíone, cidade localizada próxima de Argos, na península do Peloponeso, onde havia um famoso templo de Hera.

145. Ilha localizada mais precisamente na costa da Argólida.

146. Habitantes da cidade de Trezena, localizada no Peloponeso, famosa por ser a pátria de Teseu, o grande herói fundador e rei mítico de Atenas.

147. Habitantes de Zacinto, a terceira maior ilha da Hélade, localizada no Mar Mediterrâneo, próxima do Peloponeso.

eles construíram e também o santuário[148] de Dictina[149]. No sexto ano, os eginetas[150], em companhia dos cretenses, depois de vencê-los em uma batalha naval, escravizaram-nos, também as suas naus com o formato de cabeça de javali[151] ...[152] tinham, as naus dos sâmios tiveram suas proas cortadas e dedicadas no templo de Atena em Egina[153]. E os eginetas fizeram isso porque tinham profundo ressentimento para com os sâmios; pois os sâmios foram os primeiros, à época em que Anfícrates[154] reinava em Samos, a realizarem uma expedição militar contra Egina, quando eles fizeram grandes males aos eginetas, e os sâmios também sofreram por causa deles; e o motivo foi esse.

---

148. Conforme Estrabão, *Geografia*, X, 4, o santuário de Dictina distava alguns quilômetros do de Cidônia.

149. Filha de Zeus e de Carme, a ninfa é companheira da deusa Ártemis na cidade de Gortina, situada na ilha de Creta. Dictina é o outro nome da ninfa cretense Britomártis, por quem o rei Minos se apaixonou. No entanto, o rei não foi correspondido, então ele a perseguiu durante noves meses pelos vales e montanhas da ilha, quando ela atirou-se de uma falésia em direção ao mar e foi salva pelas redes dos pescadores. Convém anotar que devido ao fato de Dictina ser companheira de Ártemis, pressupõe-se que ela, como a deusa, tinha a vontade de permanecer virgem, por isso empreendeu uma fuga desesperada.

150. Habitantes de Egina, ilha próxima a Atenas.

151. Sobre o uso das proas com formato de cabeça de javali, dispomos do relato de Plutarco na biografia do político atenienses Péricles, onde o autor afirma que "a nau sâmia é um barco cuja proa tem a forma de um focinho de porco com uma curvatura para cima, também era mais côncava e redonda, de modo a transportar uma carga e navegar rapidamente" (ἡ δὲ σάμαινα ναῦς ἐστιν ὑόπρωρος μὲν τὸ σίμωμα, κοιλοτέρα δὲ καὶ γαστροειδής, ὥστε καὶ φορτοφορεῖν καὶ ταχυναυτεῖν.) (*hē dè sámaina naûs estin hyóprōros mèn tò símōma, koilotéra dè kaì gastroeidḗs, hṓste kaì phortophoreĩn kaì takhynauteîn.*) (*Vida de Péricles*, XXVI, 4). Tradução Maria Aparecida de Oliveira Silva.

152. Pequena lacuna do manuscrito. Algumas edições sugerem que πρῴρας (*prṓiras*) "proas" seja a palavra faltante nesta lacuna.

153. Ilha localizada na Hélade que pertencia ao complexo das Ilhas do Sarônicas. Trata-se de trinta ilhas que formavam um arquipélago no Mar Egeu.

154. Tirano do século VII a.C., provavelmente pertencia à mesma família de Procles, o tirano de Epidauro no século VI a.C. e o grande conquistador da região.

60. E falei mais extensivamente a respeito dos sâmios, porque eles realizaram as três obras mais grandiosas dentre todos os helenos: do cume de uma montanha[155] com cento e cinquenta braças[156] de altura, de lá até embaixo, iniciaram a escavação de uma galeria subterrânea, de duas aberturas, uma de cada lado; o comprimento dessa galeria subterrânea é de sete estádios[157] e sua largura e altura são de oito pés[158] cada uma; por toda essa galeria subterrânea foi escavada outra galeria subterrânea com a profundidade de vinte côvados[159], e a sua largura é de três pés, através da qual a água, que era proveniente de uma grande fonte, era conduzida por canais construídos ao lado da galeria e levada até a cidade; o arquiteto[160] dessa galeria subterrânea foi o megarense Eupalino[161], filho de Naustrofo[162]. De fato, esta é uma das três obras; a segunda trata-se

---

155. Trata-se de Âmpelo, uma montanha situada ao norte de Samos, calcula-se que tenha em torno de 240 metros.

156. Cada braça tem uma medida equivalente a quatro côvados, ou seis pés, aproximadamente 1,80 metro.

157. Estima-se que cada estádio tenha a equivalência aproximada de 186 metros.

158. Calcula-se que cada pé tenha em torno de 30 centímetros.

159. Medida helena de comprimento, cada côvado tinha aproximadamente 66 centímetros.

160. Arquiteto e engenheiro, dados que o próprio termo citado por Heródoto nos revela, pois ἀρχιτέκτων (*arkhitéktōn*) pode significar "construtor", "arquiteto" e "engenheiro", ou ainda "mestre de obras", "inventor". Em Atenas, especificamente, era o administrador geral do teatro. Doravante, os verbetes gregos de *α* a *δ* são oriundos do *Dicionário Grego-Português Α-Δ*. Coord. Daisi Malhadas, Maria Celeste Consolin Dezotti e Maria Helena de Moura Neves. São Paulo: Ateliê, 2006.

161. Nascido na cidade de Mégara, século VI a.C., construtor do célebre Aqueduto de Eupalino, que Heródoto descreve neste livro como foi concebido e construído. A finalidade desta galeria e seus canais era de levar água para a árida cidade de Samos, e o mais admirável nesta obra, da qual ainda temos vestígios no sítio arqueológico desta ilha, está na construção de duas galerias nas extremidades da montanha de Âmpelo que se encontrava em seu sopé. Os arqueólogos demonstram que a diferença no encontro de suas embocaduras é mínima.

162. Conhecido apenas por ter sido o pai de Eupalino.

de uma parede construída no mar que circunda o porto, sua profundidade é de vinte braças, e o comprimento da parede é maior que dois estádios[163]. E a terceira obra dos sâmios é a construção de um santuário maior do que todos os santuários[164] que nós vimos, cujo o primeiro dos seus arquitetos foi Reco[165], filho de Fileu[166], um homem nascido na região. Por causa dessas grandiosas obras, eu falei mais extensivamente a respeito dos sâmios[167].

61. E quando Cambises, filho de Ciro, passava o seu tempo no Egito e se mostrava fora de si, dois irmãos, homens que eram magos, organizaram uma revolta contra ele[168], Cambises deixou um deles na Pérsia para ser o seu supervisor dos assuntos palacianos. Portanto, esse revoltoso sabia que a morte de Esmérdis havia sido

---

163. Convém notar que ainda há vestígios dessa construção na antiga Samos, cuja datação dos arqueólogos alcança a época do tirano Polícrates. Em razão disso, as três grandes obras dos sâmios apresentadas aqui por Heródoto são atribuídas ao referido tirano.

164. Heródoto se refere ao suntuoso santuário construído em homenagem à deusa Hera que recebeu o nome de Heraion. A beleza e a grandiosidade desse templo levaram a Unesco a tombá-lo como Patrimônio Mundial da Humanidade em 1992.

165. Arquiteto e escultor da Hélade, século VI a.C., nascido na ilha de Samos. Segundo Pausânias, em sua *Descrição da Grécia*, VIII, 14, Reco e Teodoro de Samos foram os primeiros escultores a fundir o bronze para modelar estátuas.

166. Não dispomos de mais informações sobre esta personagem.

167. Como nos regimes autoritários modernos, a construção de obras grandiosas é uma das características existentes em regimes tirânicos. Conforme Aristóteles: "um exemplo disso são as pirâmides do Egito, as estátuas dos Cipsélidas, a construção de Olímpia pelos Pisistrátidas e as obra de Samos, as de Polícrates" (παράδειγμα δὲ τούτου αἵ τε πυραμίδες αἱ περὶ Αἴγυπτον καὶ τὰ ἀναθήματα τῶν Κυψελιδῶν καὶ τοῦ Ὀλυμπίου ἡ οἰκοδόμησις ὑπὸ τῶν Πεισιστρατιδῶν, καὶ τῶν περὶ Σάμον ἔργων τὰ Πολυκράτεια) (*parádeigma dè toútou haí te pyramídes haì perì Aígypton kaì tà anathēmata tōn Kypselidōn kaì toũ Olympíou hē oikodómēsis hypò tōn Peisistratidōn, kaì tōn perì Sámon érgōn tà Polykráteia*) (*Poética*, 1313b). Tradução Maria Aparecida de Oliveira Silva.

168. Heródoto retoma o assunto iniciado no capítulo 38 deste *Livro III*. É interessante perceber que, com algumas variantes, existe uma correlação de seu relato com vários autores da Hélade, como Xenofonte, Helânico, e outros.

ocultada pelo rei, e que eram poucos os persas que sabiam disso, e que a maioria imaginava que ele estivesse vivo. Diante disso, depois de esse mago ter deliberado sobre esses acontecimentos, ele se apossou dos poderes régios da maneira que se segue. Ele tinha um irmão, como eu disse, que estava com ele na revolta, que era muito parecido com a figura de Esmérdis, filho de Ciro e irmão de Cambises, o que o rei havia matado[169]; e, além disso, ele tinha o mesmo nome: Esmérdis. Depois de o mago Patizites[170] ter convencido esse homem de que ele próprio executaria todas as ações necessárias para o seu plano, ele o conduziu até o trono real. Depois de ter feito isso, Patizites enviou arautos para todo o território persa[171], e também para o Egito, para anunciar ao exército que doravante deveria escutar as ordens de Esmérdis, filho de Ciro, não mais as de Cambises.

62. Portanto, os arautos estavam anunciando esses acontecimentos; além disso, eles haviam sido incumbidos de ir para o Egito (pois um deles encontrou Cambises e o seu exército posicionados em Ecbátanos[172], na Síria) e o arauto anunciou, colocado de pé no meio do acampamento militar, as ordens que vinham do mago. E depois de Cambises ter ouvido as palavras proferidas pelo arauto, ele teve a esperança de que o arauto dizia a verdade e que Préxapes o havia traído[173] (pois Cambises havia enviado Préxapes para que matasse o seu irmão Esmérdis, e teve a esperança de que ele não havia feito isso); enquanto olhava para Préxapes, Cambises disse: "– Préxapes, foi assim que cumpriste a missão que lhe foi ordenada por mim?".

---

169. De acordo com o relato do historiador Ctésias de Cnido, o próprio Cambises havia solicitado ao mago que se passasse por seu irmão Esmérdis. Tal relato está presente no resumo de sua obra *Histórias Persas*, preservado pelo bizantino Fócio em sua obra *Biblioteca*, LXXII, compilada no século IX de nossa era.

170. Não dispomos de mais informações a respeito dessa personagem.

171. Em se tratando do reinado persa, quando se diz todo o território, inclui-se os que foram dominados, pois todo território conquistado era incorporado ao reino.

172. Cidade que se tornou a capital dos medos.

173. Sobre esse episódio, consultar o capítulo 30 deste *Livro III*.

E Préxapes respondeu: "– Ó soberano, isso não é verdade, de modo algum o teu irmão Esmérdis um dia se revoltou contra ti, não há como algo vir do cadáver daquele homem, nem algo grande nem pequeno; pois eu mesmo fiz o que tu próprio me ordenaste, eu o matei e o enterrei com as minhas próprias mãos. Portanto, se os que estão mortos se levantam, aceita que o medo Astíages[174] também organizará uma revolução contra ti; se tudo está tal como antes, não haverá nada que recupere a força contra ti vindo daquele mais jovem[175]. Portanto, agora parece-me que devemos ir no encalço do arauto e interrogá-lo para investigar por meio de quem ele veio e nos anunciou que deveríamos obedecer o rei Esmérdis.".

63. Depois de Préxapes ter dito essas palavras, e estas agradaram a Cambises, e rapidamente ele foi ao encalço do arauto, e ele foi à sua presença; e depois de ele ter chegado, Préxapes perguntou-lhe o seguinte: "– Homem, disseste que vieste da parte de Esmérdis, filho de Ciro, como um mensageiro; agora, portanto, dize a verdade e retorna sem castigo; dize se foi o próprio Esmérdis que apareceu diante dos seus olhos e te ordenou dizer essas palavras ou se foi algum dos seus servos.". E o arauto respondeu: "– Eu próprio nunca vi Esmérdis, filho de Ciro, desde quando o rei Cambises marchou para o Egito; mas o mago, que Cambises proclamou como administrador dos assuntos palacianos, esse determinou que eu fizesse isso, dizendo que Esmérdis, filho de Ciro, estava me designando para dizer essas palavras para vós.". De fato, o arauto havia falado sem lhes contar de novo nenhuma mentira, e Cambises disse: "– Préxapes, tu és um homem bom, porque fizeste o que eu te ordenei, estás absolvido da culpa; mas quem poderia ser esse persa que se revoltou contra mim e que está usurpando o nome de Esmérdis?". E Préxapes respondeu: "– Quanto a mim, eu penso que compreendo isso que aconteceu, ó rei; os magos foram os que

174. Último rei do Império Medo, 596-560 a.C., que foi sucedido, após perder a guerra, pelo rei persa Ciro. Embora tenha sido destronado, Astíages viveu na corte de Ciro até a sua morte em aproximadamente 548 a.C.

175. Préxapes se refere a Esmérdis, que era o irmão mais novo de Cambises, o que havia ordenado ao seu homem de confiança matar.

se revoltaram contra ti, um é Patizites, que deixaste como supervisor doas assuntos palacianos e o outro é Esmérdis, o irmão dele.".

64. Nesse momento, ao ouvir o nome de Esmérdis, Cambises apreendeu a verdade daquelas palavras e do sonho que teve; enquanto dormia, pareceu-lhe que alguém lhe anunciou que Esmérdis estava sentado no trono régio e que ele tocava a cabeça no céu. Quando Cambises compreendeu que o seu irmão havia sido morto em vão, ele chorou alto por Esmérdis; depois de ter chorado alto por seu irmão e de ter lamentado por toda a sua desgraça, ele saltou no seu cavalo, porque tinha em mente ir o mais rápido possível para Susos e realizar uma expedição militar contra o mago. E no momento quem ele saltava no seu cavalo, a tampa da bainha da sua espada caiu do cinto que a sustentava, ela ficou exposta, e a espada tocou a sua coxa. Cambises foi ferido no mesmo lugar em que ele próprio tinha antes atingido o deus dos egípcios Ápis, e pensou que o ferimento o definharia até a morte, então Cambises perguntou o nome da cidade em que ele estava, quando eles lhe responderam que era Ecbátanos. E ainda antes desta situação, veio-lhe um oráculo da cidade de Buto[176] que proferia o vate de que ele terminaria sua vida em Ecbátanos na Média[177]. De fato, Cambises havia pensado que morreria velho em Ecbátanos na Média, na qual todos os assuntos públicos estavam colocados[178], mas o oráculo tinha proferido que sua morte ocorreria em Ecbátanos na Síria. Além disso, depois de ele ter perguntado isso, até esse momento ele apenas tinha sido informado sobre o nome da cidade, porque ele havia sido colocado em pânico pela desgraça causada pelo mago e

---

176. Cidade localizada no vale do rio Nilo. Heródoto afirma que o oráculo de Buto era o mais famoso da região. Para mais informações sobre o oráculo de Buto, consultar os relatos herodotianos no *Livro II*, capítulos 83, 133, 152, 155 e 156.

177. Região da Ásia Central que hoje corresponde ao Irã, colonizada por uma tribo ariana chamada medos, no século VII a.C., quando fundaram e se estabeleceram na cidade de Ecbátanos.

178. A partir desse relato, depreendemos que Ecbátanos era o centro administrativo de seu Império e que Sousos era o local onde estava o seu palácio, portanto onde o rei residia.

fora de si por causa do ferimento, e compreendido a profecia, disse: "– Neste lugar, Cambises, filho de Ciro, está destinado a morrer.".

65. Então, tais foram as suas palavras. No intervalo de alguns dias, cerca de vinte dias depois, mandou via à sua presença os mais notáveis dentre os persas presentes em Ecbátanos e disse-lhes o seguinte: "– Persas, estou obrigado a revelar-vos um assunto, o que dentre todos os assuntos eu mais mantive em segredo. Pois eu, quando estava no Egito, tive uma visão em sonho, que jamais deveria ter visto! Pareceu-me que tinha visto um mensageiro vindo do palácio anunciar que Esmérdis estava sentado no trono régio e que sua cabeça tocava o céu. Por ter temido que o meu poder fosse transmitido para o meu irmão, eu agi com mais rapidez que sabedoria; pois não existe na natureza humana algo que mude o destino do que vai acontecer, mas eu fui o tolo que enviou Préxapes a Susos para matar Esmérdis. Depois de haver praticado este ato tão vil, comecei a viver sem medo, porque, quando Esmérdis foi eliminado, jamais tive a expectativa de que algum outro homem se revoltaria contra mim um dia. Por estar completamente enganado sobre o que aconteceria no futuro, sem que houvesse necessidade, tornei-me o assassino do meu irmão e não menos fui privado do meu reino; pois Esmérdis, de fato, era o mago, quem a divindade havia me mostrado na visão que tive durante o sonho, que iria se revoltar contra mim. De fato, essa foi a ação cometida por mim, e vós não mais levai em conta Esmérdis, filho de Ciro, porque ele não está vivo; mas os magos dominam os assuntos dos vossos reinos, para quem eu deixei como supervisor dos assuntos palacianos e que também é o irmão de Esmérdis. Portanto, aquele que mais deveria vingar-me pelas coisas vergonhosas que sofro por causa dos magos, esse, pelo seu destino impiedoso, foi morto por um dos seus próprios parentes; porque ele não está mais vivo; em segundo lugar está o restante de vós, persas, a quem se torna mais obrigatório para mim ordenar o que desejo para quando vier o fim da minha vida. E ainda vos ordeno, invocando os deuses dos reinos, e a todos vós e sobretudo aos aquemênidas[179] que estão presentes, não permiti que o império novamente vá para os medos, mas, se eles o obtiverem por terem arquitetado algum ardil, que com ardil eles sejam interceptados por vós; se o dominarem pela força, também pela força, com mais força ainda, recuperem-no. Enquanto vós fizerdes isso, que a terra vos produza frutos e vossas mulheres e rebanhos procriem[180], e que sejam homens livres para sempre! E se não recuperardes o poder nem empreenderdes salvá-lo, eu vos desejo que as coisas contrárias aconteçam para vós, e que o fim sobrevenha para cada um dos persas do mesmo modo que sobreveio a mim.". Ao mesmo tempo em que dizia essas palavras, Cambises chorava alto por toda a sua desgraça.

66. E os persas quando viram que o seu rei estava se lamentando, todos pegaram as vestimentas que trajavam, depois de as terem cortado, lançaram copiosos gritos de dor. E depois disso, como o seu osso gangrenou e a sua coxa rapidamente se putrefez, a morte levou consigo Cambises, filho de Ciro[181], depois de ele ter reinado por

---

179. Quando Heródoto faz a apresentação dos persas no *Livro I*, capítulo 126, ele afirma que: "os aquemênidas eram clãs, de onde os reis da Pérsia eram originários". Por isso, Cambises acentua a participação dos aquemênidas pela maior afinidade ou comprometimento que eles têm com o rei. Cf. *Histórias. Livro I – Clio. Op. cit.*

180. Convém notar a correlação que o rei estabelece entre as mulheres os frutos da terra e os rebanhos, visto que tal comparação demonstra a importância da função procriadora da mulher, pois esta contribui para a sobrevivência e a continuidade dos seres humanos. Sob a mesma perspectiva, as mulheres, os frutos e os rebanhos garantem a existência de homens, isto é, dos reis e dos seus exércitos, e ainda daqueles que exercem as demais profissões dentro de um reino; enfim, a continuidade dos povos.

181. É interessante notar que a iniciativa de eliminar o futuro sucessor do trono, tendo como álibi um sonho, acontecera com o próprio Ciro. No entanto, Ciro não foi bem-sucedido, conforme lemos neste relato de Heródoto: "Quando Mandane foi morar com Cambises, no primeiro ano, Astíages teve outra visão; pareceu-lhe que britava uma videira dos órgãos sexuais dessa sua filha, e a videira cobria toda a Ásia. Após ter visto isso e comunicado aos intérpretes de sonhos, mandou vir dos persas a sua filha, e quando ela chegou, protegeu-a, porque queria matar o que estava para nascer dela; pois, a partir da visão que teve, dentre os magos, os que eram intérpretes de sonhos indicaram que o descendente de sua filha iria reinar no lugar dele. Então, Astíages, protegendo-se disso, quando Ciro nasceu, chamou Hárpago, um homem de sua família e o mais confiável dos medos

oito anos e cinco meses no total, mas ele não tinha no mínimo um filho do sexo masculino ou feminino. E entre os persas que estavam presentes no momento, não era depositada muita crença no fato de os magos dominarem os assuntos públicos, mas havia a crença de que era uma calúnia o que Cambises havia lhes contado, o que lhes havia dito sobre a morte de Esmérdis, era para que acontecesse uma guerra em todo o território persa. Portanto, os persas acreditaram que Esmérdis, filho de Ciro, havia tomado posse do reino; pois Préxapes estava negando com veemência que ele havia matado Esmérdis; pois, visto que Cambises estava morto, não era seguro dizer que o filho de Ciro havia sido morto por suas próprias mãos.

67. E depois de Cambises ter morrido, o mago reinou impunemente, e usurpou o trono por ter o mesmo nome de Esmérdis, filho de Ciro; decorridos sete meses, quando Cambises completaria oito anos no trono; nesse tempo, demonstrou grandes e muitas boas ações para os seus súditos, de sorte que, depois de ter morrido, todos na Ásia tinham muita saudade dele[182], à exceção dos próprios

---

e administrador de todos os seus assuntos, e disse-lhe o seguinte: "– Hárpago, entrego a ti um assunto, de modo algum descuide dele, não me traia nem prefiras outros para que eu mesmo faça cair dores sobre ti pela tua falha. Pega a criança que Mandane deu à luz, leva-a contigo para matá-la; depois disso, tu mesmo enterra-a, do modo como quiseres.". E ele em resposta disse: "– Ó rei, jamais observaste neste homem nada de desagradável; vigiarei para ti o que está por vir para não cometer nenhum erro. Mas se te é agradável que assim seja, então eu preciso servi-lo com boa vontade.". Hárpago disse-lhe tais palavras em resposta. Quando ele recebeu a criança já arrumada em trajes de morto, e foi para casa chorando; assim que chegou, contou à sua mulher todo o discurso que Astíages havia lhe proferido. E ela lhe disse: "– Agora, o que tu tens em mente de fazer?". E ele disse em resposta: "– Não cumprirei a ordem de Astíages, ainda que ele fique fora de si e seja tomado por uma loucura pior que a loucura de agora, eu mesmo não concordarei com o seu pensamento, nem executarei tal assassínio." (*Histórias*, I, 108-109). Tradução Maria Aparecida de Oliveira Silva. In: *Op. cit.*

182. Sobre o prestígio de Ciro, Xenofonte narra o seguinte: "Todos os anos um enviado do príncipe percorre com um exército as diferentes províncias do Império: se os governadores têm necessidade de socorro, ele o presta; [...] Este homem, chamado *filho do rei*, ou *irmão do rei*, ou *o olho do rei*, exerce muitas vezes as funções de inspetor [...] Eram tão afeiçoados a Ciro que não havia nação ou cidade que não julgasse faltar a si mesma se deixasse de oferecer-lhe suas melhores produções,

persas; pois o mago havia enviado um mensageiro para cada povo dos territórios que governava, para anunciar que estavam desobrigados de servirem o exército e dos tributos por três anos.

68. De fato, ele fez esse anúncio e logo em seguida que tomou posse do poder, mas no oitavo mês, foi descoberto um absurdo seu, que é o que segue. Otanes[183] era filho de Farnaspes[184], por nascimento e riqueza era semelhante ao primeiro dentre os persas. Esse Otanes foi o primeiro que suspeitou que o mago não era Esmérdis, filho de Ciro, mas quem ele certamente era, por ter compreendido quem este era porque ele não saía da acrópole, também que não chamava à sua presença nenhum dos persas mais notáveis. Porque ele tinha esta suspeita, fez as coisas que se seguem. Ele tinha uma filha que dera em casamento para Cambises, cujo nome era Fédime; de fato, o mago tinha se casado com essa mesma mulher, com quem tinha relações sexuais e também com todas as outras mulheres de Cambises[185]. Portanto, Otanes enviou uma mensagem para essa sua filha querendo saber quem era ele dentre os homens com quem se deitava, se era com Esmérdis, filho de Ciro, se com algum outro. Mas ela respondeu-lhe dizendo que não o conhecia; pois jamais tinha visto Esmérdis, filho de Ciro, nem conhecia qualquer outro com quem ela tinha relações sexuais[186]. E Otanes enviou-lhe uma

---

frutas, animais, obras de arte. Os particulares consideravam-se ricos quando tinham ocasião de fazer-lhes presentes; com efeito o príncipe, depois de receber deles coisas que tinham em abundância, oferecia-lhes outras, de que eles careciam. (*Ciropedia*, VIII, 11). Tradução João Félix Pereira. In: Xenofonte. *Ciropedia.* Tradução João Félix Pereira. Prefácio Antenor Nascentes. São Paulo/Porto Alegre/Rio de Janeiro: W. M. Jackson, 1952. v. I.

183. Não dispomos de mais informações sobre esta personagem.

184. O presente relato de Heródoto é a nossa única fonte para essa personagem.

185. É interessante notar que as mulheres que compunham o harém do rei persa eram tratadas como propriedades, portanto elas eram transmitidas ao novo rei, ou seja, eram herdadas por ele.

186. Por meio dessa narrativa herodotiana, percebemos que as mulheres dos reis persas prestavam favores aos homens que estabeleciam algum tipo de relação com eles. Convém ressaltar que nossa interpretação tem como base o relato herodotiano,

segunda mensagem, perguntando: "– Se tu própria não conheceis Esmérdis, filho de Ciro, tu busques saber junto à Atossa[187] com quem ela e tu mesma têm relações sexuais; pois, de fato, ela conhece perfeitamente que é o seu próprio irmão.". E sua filha respondeu-lhe de volta as seguintes palavras: "– Não posso nem dirigir minhas palavras para Atossa nem ver nenhuma outra das mulheres que residem comigo; pois, quando ele herdou o reino, rapidamente esse homem, quem quer que ele seja, determinou que nós fôssemos separadas umas das outras.".

69. Enquanto Otanes ouvia essas palavras, mais a questão se tornava clara. E enviou uma terceira mensagem para a sua filha, dizendo as seguintes palavras: "– Filha, tu deves, como uma bem-nascida, submeter-se ao perigo, ao qual seu pai te ordena assumir; pois, se de fato não é Esmérdis, filho de Ciro, mas quem eu suponho que seja, ele certamente não deve coabitar contigo e não deve ter o poder sobre os persas e escapar impunemente, mas deve sofrer uma punição. Agora, portanto, faze o seguinte: quando te deitares com ele e perceberes que ele está em sono profundo, apalpa as orelhas dele. E se ele mostrar que tem orelhas, consideres que ele é o teu Esmérdis, filho de Ciro, com que tu tens relações sexuais; mas, se ele não as tiver, tu consideres que se trata do mago Esmérdis.". E Fédime respondeu-lhe de volta dizendo que correria grande risco se ela fizesse isso; pois, de fato, se ocorresse de ele não ter as orelhas, e se fosse pega em flagrante apalpando suas orelhas, ela bem sabia que ele a eliminaria; todavia, mesmo assim, ela faria isso. De fato, ela assumiu a missão dada pelo seu pai, visto que Ciro, filho de Cambises, quando estava governando, cortou as orelhas desse mago Esmérdis por um motivo nada insignificante. Portanto, a essa Fédime, a filha de Otanes, cumpriu todas as instruções dadas pelo seu pai, logo que chegou a vez dela de ir para junto do mago (pois, de fato, as

---

que pode ser verdadeiro ou uma construção do historiador, que nos traz a imagem das mulheres persas como sendo promíscuas. Por essa perspectiva, elas seriam tratadas como objetos ou bens os quais o rei tratava como moeda de troca.

187. Filha de Ciro, esposa de seu irmão Esmérdis, depois Dario I, portanto rainha da Pérsia no século V a.C.

mulheres vão uma após a outra aos homens persas); depois de ela ter chegado, deitou-se ao lado dele, e quando ele dormiu profundamente, ela apalpou as orelhas do mago. Depois de ela ter percebido, não com facilidade, mas com dificuldade, que o seu marido não tinha orelhas, tão logo o dia nasceu, ela enviou uma mensagem ao seu pai relatando o que havia acontecido.

70. E Otanes recebeu Aspatines[188] e Góbrias[189], que eram homens importantes dentre os persas e os mais merecedores de sua confiança, e contou-lhes toda a questão. E eles mesmos ainda suspeitavam do modo como Esmérdis tinha morrido, e receberam as palavras que Otanes proferira. E pareceu-lhes que seria bom se cada um deles se associasse a um homem persa, no qual confiasse mais. Portanto, Otanes trouxe Intafernes[190], Góbrias trouxe Megabizo[191] e Aspatines trouxe Hidarnes[192]. Quando eles se tornaram seis, chegou em Susos Dario, filho de Histaspes[193], vindo da Pérsia; pois o seu pai era, de fato, o governador dos persas. Portanto, quando ele chegou, os seis persas julgaram que seria bom se eles se associassem a Dario.

71. E esses sete reuniram-se e deram uns aos outros suas palavras e sua confiança. Quando chegou a vez de Dario revelar seu plano,

---

188. Personagem circunscrita a esse relato herodotiano, sobre a qual não dispomos de mais informações.

189. Filho do general persa Mardônio, conhecido por este episódio narrado por Heródoto como um dos que conspiraram para a derrubada do mago Esmérdis, o que resultou na ascensão de Dario I ao trono.

190. Personagem relacionada a este episódio relatado por Heródoto, sobre a qual não temos mais informações.

191. Depois de ter sido bem-sucedido ao lado de seus amigos na derrubada do rei Esmérdis e colaborado para a coroação de Dario I como rei da Pérsia, Megabizo tornou-se comandante do exército do rei no Helesponto.

192. Como Megabizo, tornou-se comandante militar do rei Dario I. No entanto, de uma força militar mais importante: a célebre infantaria conhecida como os *Imortais*.

193. Segundo Heródoto, I, 209: "Histaspes era filho de Arsames, um homem de ascendência aquemênida; Dario era o seu filho mais velho". Cf. Heródoto. *Histórias. Livro I – Clio. Op. cit.*

ele lhes disse as seguintes palavras: "– Eu pensava que era o único que sabia desses acontecimentos, que o mago é quem está reinando e que Esmérdis, filho de Ciro, já está morto; e por causa desse mesmo homem, eu vim aqui com rapidez para que combinemos a morte deste mago. Visto que essa reunião me fez saber que eu não sou o único, mas também vós sabeis do ocorrido, parece-me que vós deveis agir rapidamente e que não reflitais sobre o assunto, pois isso não é o melhor.". Diante dessas palavras, Otanes respondeu: "– Filho de Histaspes, és de um pai corajoso e tu mostras que és semelhante, que em nada és inferior ao teu pai. Todavia, que esse seu empreendimento não seja assim tão rápido, sem deliberação, mas toma-o do modo mais prudente; pois deves empreendê-lo assim quando formos muitos homens.". Diante dessas palavras, Dario replicou: "– Homens, vós que estais aqui presentes, se vos comportardes da maneira como foi dito por Otanes, sabei que morrereis do pior modo; pois alguém vos trairá em favor do mago, para obter ganhos para si próprio, em particular. Portanto, tirais mais proveito se jogardes em cima de vós mesmos a responsabilidade de fazer isso[194]; visto que vós julgastes melhor trazer mais homens, e que me vencestes, ou devemos fazer isso hoje, ou sabei, quanto a vós, que se for além do dia de hoje, que nenhum outro a não ser eu se antecipará para ser vosso acusador, mas eu próprio contarei esses planos ao mago.".

72. Diante dessas palavras, visto que Dario movia-se rapidamente nesta hora, Otanes respondeu: "– Já que nos obrigas a sermos rápidos e não nos permite refletir sobre o assunto, vai, mostra tu mesmo de que modo entraremos no palácio e os atacaremos. Pois existem guardas posicionados por todos os lados, de fato, sabes onde também tu mesmo, se não sabes por tê-los visto, mas por tê-los

---

194. A fala de Ciro no remete ao dito por Xenofonte a respeito de seu caráter: "Ainda hoje louva-se e canta-se pelos bárbaros que Ciro era por natureza de aparência belíssima, com alma boníssima, amantíssimo dos estudos e das honras, de tal modo que suportava todas as fadigas e resistia a todos os perigos, pelo amor às honras". (*Ciropedia*, II, 1). Tradução Emerson Cerdas. In: Emerson Cerdas. *A Ciropedia de Xenofonte. Um romance de formação na Antiguidade*. São Paulo: Cultura Acadêmica/Edunesp, 2011.

ouvido; de que modo passaremos por eles?". E Dario disse-lhe em resposta o seguinte: "– Otanes, se existem muitas coisas que não são possíveis de serem demonstradas com palavras, mas o são com atos; mas existem umas que são possíveis com palavras, mas nenhuma ação brilhante nasce delas. E vós sabeis que existem guardas posicionados por todos os lados e que não existem dificuldades para passar por eles. Por sermos de tais linhagens, ninguém irá barrar nossa passagem por ele, por um lado porque nos reverenciam por certos feitos, por outro porque nos temem em determinados assuntos; e eu próprio tenho um pretexto que é o mais apropriado para entrarmos nele, dizendo que há muito cheguei da Pérsia e que quero contar a história de meu pai para o rei. Pois quando alguma mentira deve ser dita, que seja dita![195] Pois desejamos vivamente a mesma coisa, tanto os que mentem como os que se servem da verdade; certamente, uns mentem então para obterem algum ganho, quando estão persuadindo alguém com suas dolosas mentiras, enquanto outros se tiverem a intenção de mentir, terão algum ganho[196], enquanto outros dizem a verdade, a fim de que recebam para si mesmos algum ganho com a verdade e de que sejam um tanto mais confiáveis para si mesmos. Assim, embora não empreguemos os mesmos expedientes, abraçamos os

---

195. Heródoto reproduz uma visão sobre a mentira que encontramos paralelo nos seguintes versos sofoclianos: "E não julgas vergonhoso dizer mentiras?/ Não se a mentira traz a salvação.". Trata-se de um diálogo entre Neoptólemo e Odisseu que decide mentir para Filoctetes a fim de cumprir sua missão de levá-lo com seu arco para Troia, conforme o que fora proferido pelo oráculo, para que a cidade fosse capturada pelos helenos. (Sófocles, *Filoctetes*, 108-109). Tradução Fernando Brandão dos Santos. In: Sófocles. *Filoctetes*. Tradução, introdução e notas Fernando Brandão dos Santos. São Paulo: Odysseus, 2008.

196. Outra questão levantada aqui é a do κέρδος (*kérdos*), que pode ser traduzido como "ganho" ou "lucro" que se obtém com a mentira. Na peça de Sófocles, citada na nota anterior, vemos essa mesma preocupação, mostrando que tal pensamento é algo que compõe o imaginário da Hélade desde o período arcaico, tal como lemos nestes versos que sequenciam os anteriores: "Então com que cara alguém ousa proclamar isso?/ Quando se faz algo pra lucro, não convém hesitar./ Que lucro é o meu que ele vá a Troia?/ Só este arco captura Troia." (Sófocles, *Filoctetes*, 110-113). Tradução Fernando Brandão dos Santos. In: *Op. cit.*

mesmos interesses. E se não tivessem a intenção de obter algum ganho, tanto quanto aquele que diz a verdade seria um mentiroso, como aquele que mente seria alguém verdadeiro[197]. Portanto, se o que estiver diante das portas nos deixar passar de bom grado, será melhor para ele mesmo no futuro; mas, se ele tentar nos impedir, neste momento, que seja declarado como um inimigo!

73. E, em seguida, depois de empurrarmos o guarda para entrar, devemos executar nossa tarefa.". Depois disso, Góbrias disse: "– Amigos, quando se apresentará um momento mais belo para que nós retomemos o poder, ou para certamente morrermos, se não formos capazes de reassumi-lo?[198] Certamente, agora e depois, estamos sendo governados por um medo, embora sejamos persas, por um homem que é mago, também que não tem orelhas! Quantos de vós estavam presentes na ocasião em que Cambises estava doente, lembrai-vos, de algum modo, completamente das imprecações[199] que ele

---

197. O discurso de Heródoto assemelha-se aos dos sofistas, dado que revela a influência desses primeiros professores de retórica no pensamento herodotiano. Convém lembrar que, embora Heródoto atribua esse discurso ao persa, o historiador registra um estilo de argumentação muito divulgado na Hélade de seu tempo, em particular em Atenas. Outro aspecto importante neste relato é o fato de Dario, um persa, usar a mentira como expediente para atingir um fim, visto que o próprio Heródoto afirma que os persas: "consideram que a pior coisa para eles é mentir" (*Histórias*, I, 138). Portanto, notamos que o contexto dessa sua argumentação tem como paralelo a sociedade de sua época, com suas contradições explicadas por meio da construção de um discurso retórico, não mais divino, que as explique.

198. O argumento de Góbrias está pautado no valor da glória, pois qualquer que fosse o resultado, os sete persas obteriam o reconhecimento pela sua coragem. O exemplo clássico de busca pela glória aparece no exemplo dado por Homero na *Ilíada*, com o seu personagem central: Aquiles, que estava destinado a perecer jovem, mas a obter a glória imperecível.

199. Heródoto registra uma imprecação que encontramos em diversos textos poéticos, como nestes versos de Hesíodo: "Àqueles que a forasteiros e nativos dão sentenças/ retas, e nada se apartando do que é justo/ para eles a cidade cresce e floresce o povo [...] Àqueles que se ocupam do mau Excesso, de obras más,/ a ele a Justiça destina o Cronida, Zeus longevidente [...] Para eles do céu envia o Cronida grande pesar: fome e peste juntas, e assim consomem-se os povos/ as mulheres não parem mais e as casas se arruínam/ (225-227; 238-239 e 242-244). In: Hesíodo. *Os trabalhos e os dias*. Tradução, introdução e comentários Mary

lançou sobre os persas quando estava no fim de sua vida, se não tentássemos recuperar o seu poder; naquele momento, não aceitamos as suas palavras, mas porque pensávamos que Cambises dizia aquilo por calúnia. Agora, portanto, dou o meu voto para que sejamos persuadidos por Dario e que não abandonemos a nossa reunião senão para irmos rapidamente contra o mago.". Depois de Góbrias ter dito essas palavras, também todos concordaram com elas.

74. No momento em que eles estavam deliberando sobre esses assuntos, aconteceram, por conta do acaso[200], os eventos que se seguem. Depois de os magos terem deliberado sobre alguns assuntos, julgaram que seria bom se eles se aproximassem de Préxapes e se tornassem amigos dele, porque ele havia passado por um momento monstruoso por causa de Cambises, que lançou uma flecha e matou seu filho, também em razão de ele ser o único que sabia da morte de Esmérdis, filho de Ciro, porque ele o tinha matado com as suas próprias mãos; além disso, ainda porque Préxapes era muito elogiado entre os persas. De fato, em virtude desses

---

Macedo de Camargo Neves Lafer. São Paulo: Iluminuras, 1991. Convém ressaltar que havia entre os antigos helenos a crença de que o cetro real era concedido por Zeus, portanto havia uma correlação entre a vontade do "pai dos homens e dos deuses" com a do "rei de divino cetro", epítetos encontrados em Homero. Em Ésquilo, a rainha, viúva de Dario, afirma: "Assim venho do palácio adornada de ouro/ e do tálamo comum a mim e a Dario,/ e um pensamento me dilacera o coração./ Dir-vos-ei, não por mim temerosa, amigos,/ grande riqueza não reverta em pó no chão ao pé,/ opulência que Dario ergueu não sem um Deus." (*Os Persas*, 159-164). Tradução Jaa Torrano. In: Ésquilo. *Tragédias*. Edição bilíngue. Estudo e tradução Jaa Torrano. São Paulo: Iluminuras, 2009.

200. A expressão em grego é κατὰ συντυχίην (*katà syntykhíēn*), que significa "por acaso". Portanto, notamos que Heródoto considera que os eventos nem sempre estão relacionados conforme o raciocínio peculiar a um historiador, o de causa e efeito. Sob essa perspectiva, Heródoto leva em consideração o acaso, o acontecimento que não pode ser explicado pela equação histórica da causa e efeito, que nem todos podem ser racionalizados. O substantivo grego συντυχία (*syntykhía*), que significa "evento fortuito", "circunstância" ou "acidente", demonstra sua relação com o "acaso", com a sorte, visto que é composto pelo prefixo συν (*syn*), que significa "com", mais o substantivo τυχία (*tykhía*), cuja raiz vem de τύχη (*týkhē*), que significa "sorte", "destino", como um quinhão determinado por um deus ou pela fatalidade.

acontecimentos, eles o convocaram e associaram-se a ele como amigo, tomando confiança nele por meio de juramentos, para que ele mantivesse consigo mesmo e que não revelasse a nenhum homem a fraude criada por eles para os persas, então eles prometeram que lhes dariam muitos e incontáveis bens. Depois de Préxapes ter aceitado a proposta dos magos, ele faria isso porque os magos o persuadiram; em segundo lugar, acrescentaram que eles próprios convocariam todos os persas para reunirem-se embaixo da muralha do reino, e ordenaram-lhe que subisse na torre para anunciar que eles estavam sendo governados por Esmérdis, filho de Ciro, e por nenhum outro qualquer. E assim o incumbiram de fazer isso porque necessitavam de alguém que fosse o mais confiável entre os persas, também porque muitas vezes ele lhes revelara a ideia de que Esmérdis, filho de Ciro, estava vivo e que negava veementemente que ele o havia assassinado.

75. E Préxapes ainda disse que estava disposto a fazer isso; quando os magos reuniram os persas, conduziram Préxapes para cima da torre e ordenaram que ele anunciasse o combinado. Mas Préxapes, de fato, esqueceu espontaneamente tudo aquilo que os magos necessitavam que fosse dito por ele, e começou a traçar toda a genealogia da linhagem de Ciro; depois disso é que chegou até Ciro, encerrando, disse quantas coisas boas Ciro havia feito para os persas. E quando concluiu sua narrativa desses fatos, ele revelou a verdade dos acontecimentos, dizendo que primeiro havia escondido (pois não podia dizer com segurança o que havia acontecido), mas, nas circunstâncias presentes, era obrigatório que ele se forçasse a dizer a verdade; e de fato Préxapes disse que ele próprio havia matado Esmérdis, filho de Ciro, porque ele havia sido obrigado por Cambises a fazer isso e que os magos estavam reinando sobre eles. E depois de ter proferido muitas imprecações aos persas se eles não retomassem o poder e que os magos recebessem punição, ele jogou-se de cabeça para baixo da torre. Portanto, Préxapes, depois de ter sido durante toda a sua vida um homem honrado, assim morreu.

76. E então os sete persas deliberaram rapidamente que atacariam os magos e que não refletiriam mais sobre isso, depois de terem feito orações aos deuses, partiram, não sabendo nada a respeito dos acontecimentos sobre Préxapes. Então, quando estavam marchando, no meio do caminho, aconteceu de serem informados sobre o que acontecera com Préxapes. Nesse momento, saíram do caminho e concederam a palavra uns aos outros, uns em companhia de Otanes pediram muito que aguardassem e que não atacassem enquanto os acontecimentos estivessem em sua efervescência, mas os outros que estavam do lado de Dario pediram que fosse rapidamente e que fizessem as coisas que haviam julgado melhor e que não aguardassem mais. Enquanto eles se debatiam com essas questões, apareceram sete pares de falcões atrelados dois a dois perseguindo abutres também atrelados dois a dois, que foram depenados e dilacerados. Depois de terem visto isso, todos os sete concordaram com o plano de Dario e em seguida foram para o palácio, porque estavam encorajados pelos pássaros[201].

77. E quando chegaram diante das portas, aconteceu mais ou menos o que Dario tinha concebido em seu plano; pois os guardas mostraram reverência aos persas mais importantes e porque não suspeitavam de tal intento nem do que deles fariam, e passaram pelos portões utilizando da mensagem divina, e ainda não lhes perguntaram nada. Depois de terem entrado no pátio, encontraram com os eunucos que levavam as mensagens, que os interrogaram sobre onde eles queriam chegar; e ao mesmo tempo em que os interrogavam e eles os impediam de atravessar as portas porque os mensageiros estavam em pé diante delas, e detinham os sete que queriam passar adiante.

---

201. Existia na Hélade o costume de consultar os pássaros para conhecer o futuro, que consistia na observação do voo dos pássaros; também havia quem interpretasse o canto dos pássaros, umas das formas mais antigas de adivinhação, considerada uma mensagem enviada pelos deuses. No caso deste relato de Heródoto, notamos uma cena clássica no sentido de que as aves consideradas nobres, como o falcão e a águia, estão perseguindo as associadas à escuridão, como é o caso do abutre ou de um corvo. Portanto, a cena descrita por Heródoto é interpretada como um sinal de bom augúrio, por isso os sete persas partem para o palácio, certos de que obterão sucesso em seu empreendimento, visto que em seu imaginário os sete pares de falcões representam os sete persas que vencem os abutres que ocupam o palácio de Cambises. Sob essa perspectiva, a interpretação herodotiana dos fatos aproxima-se da de Homero, o que lhe confere um caráter épico, uma vez que a vontade dos deuses impera.

E eles exortaram uns aos outros, puxaram os seus punhais e trespassaram ao mesmo tempo aqueles que detinham sua passagem, e eles foram pelo corredor até o recinto dos homens.

78. E ambos os magos por acaso estavam lá dentro naquele momento, deliberando a respeito dos acontecimentos sobre Préxapes. Portanto, quando eles viram que os seus eunucos estavam atordoados e ainda gritando, e na sequência ambos correram para trás, depois de terem compreendido o que estava acontecendo, empenharam-se na sua defesa; de fato, um deles antecipou-se e pegou o seu arco, enquanto o outro agarrou sua lança. Nesse momento, eles se misturaram uns contra os outros. Então, quando ele estirou o seu arco contra os sete, porque os seus inimigos eram muitos e estavam próximos, em nada lhe foi útil o seu arco; enquanto o outro, que se defendia com a sua lança, acertou a coxa de Aspatines e o olho de Intafernes; e Intafernes foi privado do seu olho por causa desse ferimento, todavia ele não morreu por isso. Então, um dos magos os feriu, enquanto o outro, visto que o seu arco não lhe foi nada útil, pois, como estava no quarto de dormir, entrou no recinto dos homens, para que lá se refugiasse, dado que queria trancar suas portas. E dois dos sete precipitaram-se contra ele, Dario e Góbrias; quando Góbrias estava contra um mago, Dario ficou imóvel sem saber o que fazer em tamanha escuridão, zelando para que não acertasse Góbrias. Quando viu que Dario estava imóvel, sem ação, Góbrias perguntou-lhe por que não usava a sua mão para golpeá-lo. E Dario respondeu: "– Estou zelando por ti, para que não te acerte.". E Góbrias disse-lhe em resposta: "– Acerta-o fortemente com teu punhal, mesmo se atravessares ambos.". E Dario o obedeceu e acertou-lhe o punhal, que por acaso acertou, de algum modo, o mago.

79. Depois de eles terem matado os magos e de terem cortado suas cabeças, eles abandonaram os seus feridos no mesmo lugar, por causa da sua impotência de fazer a proteção da cidade, enquanto cinco deles seguravam as cabeças dos magos, correndo para fora do palácio, e gritavam e faziam barulho, convocando os outros persas para segui-los na questão e mostrando-lhes as cabeças dos magos; e ao mesmo tempo matavam todo e qualquer mago que aparecia em sua frente[202]. E quando os persas compreenderam o que havia sido feito pelos sete e a fraude dos magos, eles julgaram que seria melhor que também eles fizessem as mesmas coisas, e sacando seus punhais, matavam qualquer mago onde encontravam; e se a noite não tivesse chegado, não teriam deixado nenhum mago para trás. Os persas guardam esse dia mais que os outros dias, também realizam uma grande festa pública nele, que é chamada pelos persas de *Magofonia*[203]; neste dia não era permitido a nenhum mago que aparecesse na luz do sol, mas os magos ficavam em suas próprias casas durante esse dia inteiro.

80. Quando o tumulto se encerrou e depois de terem se passado cinco dias, os que haviam se revoltado contra os magos deliberaram sobre todos os assuntos, e alguns helenos disseram que os discursos proferidos foram os melhores, e realmente foram. Otanes ordenou em público que os assuntos administrativos fossem colocados à disposição dos persas, dizendo as seguintes palavras: "– Eu penso que nenhum de nós deve mais se tornar rei[204]; pois não é agradável nem bom[205]. Pois vistes em que ponto chegou a insolência de Cambises, e ainda tivestes parte da insolência dos magos. Como o governo de um só[206] poderia ser uma coisa bem ajustada, na qual é permitido ao governante, sem que seja responsabilizado, fazer o que quiser? De fato, o melhor dentre todos os homens que for colocado neste poder, ele se posicionará fora dos seus costumes habituais. Pois

---

202. Interpretação para a expressão herodotiana "τὸν ἐν ποσὶ γινόμενον" (*tòn em posì ginómenon*), que significa literalmente "o que aparecia nos seus pés".

203. Em grego μαγοφόνια (*magophónia*) que significa "matança dos magos".

204. Heródoto grafa μούναρχον (*moúnarkhon*), mas entendemos que o substantivo "rei" insere-se melhor neste contexto.

205. Mais uma vez, Heródoto reproduz um pensamento corrente na Hélade de que a monarquia (μουναρχίη) (*mounarkhíē*), isto é, "o governo de um só", representa um mal para a sociedade. Convém ressaltar que Heródoto descreve o monarca ou o rei como se fosse um tirano; do mesmo modo, a tirania era condenada pelos helenos do período clássico por ser um governo violento e à parte das leis.

206. O termo grego é μουναρχίη (*mounarkhíē*), ou seja, "monarquia", que significa "o governo de um só", definição que optamos por usar em nossa tradução.

a sua insolência origina-se pelas riquezas presentes ao seu alcance, e ainda a inveja que é natural neste homem desde o seu nascimento. E, com essas duas, possui toda maldade; umas por insolência, outras por inveja, para saciar-se, ele comete muitos atos violentos. Todavia, o tirano[207] poderia ser um homem sem inveja, porque certamente tem todos os bens; mas, por natureza, faz o contrário com seus concidadãos; pois sente inveja dos que são os melhores, porque lhe são superiores em classe e ainda quanto ao modo como vivem, mas se alegra com os que são os piores dentre os cidadãos, e ele é o melhor para acolher as calúnias. E o tirano é o mais dissonante de todos; pois se o admiras com comedimento, ele fica irritado porque não foi muito servil, mas se alguém o trata de modo muito servil, ele fica irritado porque age como um bajulador[208]. Então, ainda vou dizer quais são os seus atos mais dissonantes; ele subverte os costumes dos ancestrais,

---

207. Percebemos que Heródoto coloca o monarca e o tirano no mesmo plano. Como vimos um pouco acima, ele usa o termo μούναρχον (*moúnarkhon*), ou monarca; já nesta passagem, utiliza o termo τύραννον (*týrannon*), ou seja, "tirano". Tal confusão conceitual já ocorreu no caso em que Heródoto utiliza o termo τύραννος (*týrannos*), habitualmente traduzido por tirano, porque indica uma soberania no exercício do poder. O historiador atribui o título a Creso tendo como modelo a tirania, o regime político dos helenos anterior ao recente governo democrático que ele vivencia. No entanto, notamos que Heródoto se serve também do vocábulo βασιλεύς (*basileús*), que significa rei, para referir-se aos soberanos persas. Por exemplo, no *Livro I*, capítulo 7, ele afirma que Candaules era τύραννος Σαρδίων, (*týrannos Sardíōn*), οθσε ξα, "tirano dos sardianos"; já no final desse mesmo capítulo, relata que Candaules foi o último Ἡρακλειδέων βασιλεύς (*Herakleidéōn basileús*), ou seja, "rei dos Heraclidas". Em razão disso, optamos por traduzir μούναρχον (*moúnarkhon*) por "rei" na passagem anterior.

208. A questão do bajulador no mundo antigo é algo que permeia toda a escrita dos autores helenos. Existe apenas um escrito específico que chegou ao nosso tempo; trata-se de um tratado de Plutarco intitulado *Como distinguir o bajulador do amigo*, onde o leitor encontra uma síntese do pensamento dos antigos helenos sob a perspectiva plutarquiana de como se comporta um indivíduo versado na bajulação. Para Plutarco, "Portanto, alguém poderia dizer que é difícil distinguir quem é o bajulador e quem é o amigo, se não é pelo prazer nem pelo elogio que eles se distinguem; de fato, muitas vezes, é possível ver que a amizade é ultrapassada pela bajulação nas solicitudes exageradas e nas execuções dos afazeres. E por que não devemos ter a preocupação de perseguir o verdadeiro bajulador, o que se dedica ao assunto com habilidade e arte" (50C). Tradução Maria Aparecida

trata as mulheres com violência e mata pessoas sem serem julgadas[209]. E o governo do povo, em primeiro lugar, recebe o mais belo de todos os nomes: isonomia[210]. Em segundo lugar, aquele que governa sozinho[211] não faz nada dessas coisas ruins; pois os cargos são ocupados por sorteio, e quem ocupa o poder é responsável pela própria gestão, e todas as deliberações são levadas para a comunidade. Portanto, coloco a minha opinião para que nós abandonemos o governo de um só e o elevemos ao povo; pois o todo está na maioria.".

81. Então, Otanes apresentou essa proposta. Mas Megabizo pediu que se voltasse para a oligarquia[212], dizendo as seguintes palavras: "– Uns

---

de Oliveira Silva. In: Plutarco. *Como distinguir o bajulador do amigo*. Tradução, introdução e notas Maria Aparecida de Oliveira Silva. São Paulo: Edipro, 2015.

209. Vários autores da Hélade e de Roma escreveram sobre o caráter violento do tirano, como Aristóteles e Tácito. Consultar também Platão, *República*, 567b.

210. A palavra ἰσονομία (*isonomía*) nasceu primeiro no contexto médico, com o significado de "equilíbrio". Alcméon de Crotona, início do século V a.C., um médico e filósofo pré-socrático, que em um dos seus fragmentos compilados por Aécio (*Livro V*, 30,1), afirma que "a saúde consistia num estado de equilíbrio (ἰσονομία/*isonomía*) dos elementos do corpo". Tal conceito foi amplamente discutido pela filosofia sob a perspectiva do equilíbrio da privação e da necessidade. No campo político, o termo ἰσονομία (*isonomia*) traz o significado de igualdade de direitos civis e políticos, quer alimentar o conceito de democracia, especialmente em Atenas. Embora Heródoto não utilize o termo democracia, ele afirma que a ἰσονομία (*isonomia*) é típica de um "Πλῆθος δὲ ἄρχον" (*Plē̃thos dè árkhon*), que traduzimos por "governo do povo", o que nos remete à noção de democracia.

211. Em grego ὁ μούναρχος (*ho moúnarkhos*), que significa literalmente "monarca"; "chefe soberano", o mesmo que traduzimos por "rei" no início deste capítulo por julgarmos mais adequado ao contexto da narrativa herodotiana.

212. O debate descrito por Heródoto nos remete às discussões travadas na ágora ateniense entre os séculos VI e IV a.C. sobre a melhor forma de governo, visto que a cidade de Atenas vivenciou diversos regimes nesse espaço de tempo. À época de Heródoto havia um recém governo democrático que ainda não estava solidificado e a cidade dos atenienses estava dividida em dois partidos principais, o dos oligarcas e o dos democráticos, cada qual com seus argumentos, que temos a oportunidade de conhecer com este debate registrado por nosso autor. Como exemplo da argumentação contrária ao regime oligárquico, lembramos as reflexões de Platão contidas em *República*, 552d-e.

argumentos que Otanes proferiu para que se cesse a tirania, também eu os repito; mas quanto aos outros em que os exorta pedindo para que se transfira o poder para o povo, comete um erro sobre qual é a melhor opinião. Pois nada é mais tolo nem insolente que uma multidão[213] que não tem serventia[214]. Todavia, os homens escaparem da insolência do tirano para caírem na insolência do povo[215] indisciplinado, de qualquer modo isso é intolerável; pois se o tirano fizer algo, está sabendo o que faz, mas o povo não sabe nada em si. Pois como poderia saber se ele não foi ensinado[216] nem a ver o que é belo, nem é capaz de vê-lo por si próprio; atira-se precipitado nos assuntos públicos, sem inteligência, como se fosse a torrente de um rio? Portanto, esses que se sirvam do povo, os que projetam o mal para os persas! E nós, depois de escolhermos um grupo dentre os melhores homens, entreguemos-lhes o poder[217]; pois nós próprios estaremos entre eles; pois, de fato, é natural que as melhores deliberações tenham sua origem dentre os melhores homens.".

---

213. Megabizo usa o termo ὅμιλος (*hómilos*) que está relacionado a um "ajuntamento", uma "multidão" como algo que gera "tumulto", "confusão", enquanto Otanes se serve do termo πλῆθος (*plēthos*) que está relacionado com a noção de quantidade, ou seja numérica, com o sentido de que o povo constitui a maioria dos cidadãos. Portanto, a palavra πλῆθος (*plēthos*) não emite um juízo de valor negativo como ὅμιλος (*hómilos*); além disso, Megabizo qualifica essa multidão com o adjetivo ἀχρηίος (*akhrēíos*), que significa "que não tem serventia" ou "inútil".

214. A visão de que a maioria, ou seja, o povo "não tem serventia" para o modelo democrático é pensada em Platão, consultar *República*, 565c-e.

215. O termo grego utilizado é δῆμος (*dḗmos*), outro conceito que nos remete ao contexto político ateniense, pois indica as subdivisões políticas de Atenas; daí ter o sentido de o povo como parte de uma população.

216. Apesar de Heródoto não ter conhecido a filosofia de Platão, o raciocínio de Megabizo demonstra que a educação era um tema discutido e considerado como algo necessário para a formação de um cidadão, como pode ser visto em *República*, 552e.

217. Novamente o modelo expresso na proposta de Otanes está relacionado ao sistema político ateniense, pois o regime democrático de Atenas previa a eleição de membros do conselho, que era composto por quinhentos magistrados, através de um sorteio. Já outros cargos eram eleitos pelo povo em assembleia, como intendentes, arcontes, e outros, todos relacionados a altos cargos do governo. Tais práticas serão reforçadas mais adiante por Otanes no capítulo 83 deste *Livro III*.

82. Então, Magabizo apresentou essa proposta. E em terceiro lugar, Dario indicou sua proposta, dizendo: "– Para mim, os argumentos que Megabizo proferiu sobre as qualidades que tem o povo, parece-me que falou bem; mas, quanto aos argumentos sobre a oligarquia, não falou bem. Pois, dentre as três formas de governo instituídas, todas estão entre as melhores em teoria, tanto é a melhor forma a governada pelo povo, como pela oligarquia, quanto por um só governante, e vou falar a respeito da que em muito é superior. Posso dizer que não existe melhor forma de governo que a de um único homem no poder, se ele for o melhor; porque se serve de um pensamento dessa natureza, poderia governar irrepreensivelmente o povo, e se manteriam no maior silêncio as deliberações sobre os inimigos. Mas, na oligarquia, porque muitos têm virtude e a praticam em público, costumam gerar fortes inimizades pessoais; pois cada um quer ser o chefe[218] e vencer com suas propostas, com o que se alcança grandes inimizades uns com os outros, de onde se originam as dissensões[219], e das dissensões origina-se o derramamento de sangue, do derramamento de sangue resulta o governo de um homem só; e nessas circunstâncias mostra-se o quanto essa é a melhor forma de governo. E, por sua vez, quando o povo está governando, é impossível que não se torne de má qualidade[220]; assim, depois de ter se tornado um governo de má qualidade, aqueles que são maus não se tornam inimigos nas coisas públicas, mas criam amizades poderosas. Pois aqueles que são maus reúnem-se e executam os assuntos

---

218. O termo em grego é κορυφαῖος (*koryphaîos*) que significa literalmente o "chefe do coro", para ilustrar que alguém quer ser o chefe do grupo, sobressair-se perante os demais.

219. Em sua obra *História da Guerra do Peloponeso*, VIII, 89, Tucídides relata o episódio em que os atenienses se mobilizaram para lutar contra os peloponésios, registrando que os oligarcas atenienses, como Teramenes e Aristócrates, aproveitaram o momento para fomentar a dissensão entre eles. Então os atenienses, liderados por Alcibíades, reagiram aos intentos dos dois homens para que um governo oligarca não se instaurasse em Atenas, pois Teramenes e Aristócrates julgavam-se os melhores dentre todos os cidadãos, por isso lutavam pela preferência popular com ações que dividia a cidade em facções.

220. O adjetivo utilizado é κακότης (*kakótēs*), que, no sentido moral que Heródoto pretende, também pode significar "vício", "covardia", "maldade".

públicos. E isso é desse modo até que alguém se coloca do lado do povo e interrompa tais ações; por causa disso, ele é então admirado pelo povo; portanto, por ser admirado, mostra-se como sendo o único governante possível; e nessas circunstâncias, ele também se mostra como o governo de um só é o melhor[221]. Em suma, para dizer tudo em uma única palavra, de onde surgiu a nossa liberdade e a quem a devemos? Se do governo do povo, ou da oligarquia ou o de um homem só? Assim, tenho a proposição de que nós fomos libertados por um único homem[222], e essa forma de governo é a que devemos preservar[223]; afora isso, os costumes dos nossos ancestrais que são bons não devem ser abandonados; pois isso não seria o melhor.".

83. Então, essas foram as três propostas, e quatro dentre os sete homens foram favoráveis a esta de Ciro. Mas Otanes, como sua proposta foi derrotada, apressou-se em realizar a isonomia entre os persas, e disse em público para eles o seguinte: "– Homens revoltosos, então

---

221. Mais uma vez, Heródoto demonstra a contemporaneidade desse debate, e igualmente revela um raciocínio sobre a progressão das formas de governo que encontraremos anos depois em Platão. O filósofo ateniense traz reflexões sobre o tema em *República*, 565d-e.

222. Otanes refere-se a Ciro, que libertou os persas do domínio dos medos, conforme Heródoto narra no *Livro I*, 123 ss. Igualmente Xenofonte relata que: "Os inimigos, quando viram os seus sofrendo, avançaram as tropas, a fim de que interrompessem a perseguição, ao verem que eles estavam se lançando adiante. Ciro por nada cedia, mas sob o efeito do prazer, invocou o tio, e continuava a persegui-los, e com força, impôs a fuga aos inimigos" (*Ciropedia*, IV, 21-22). Tradução Emerson Cerdas. In: *Op. cit.*

223. Embora Ciro tenha sido proclamado rei, ele não governava de fato sozinho, como relata Xenofonte: "Ciro conferiu os governos aos seus amigos, com as condições anunciadas. A escolha recaiu sobre os mais capazes: Megabizo teve a Arábia; Artabatas, a Capadócia; Artacamas, a grande Frígia; Crisantas, a Lídia e a Jônia; Adúsio, a Cária, que o havia pedido; Farnucho, a Eólida e Frígia vizinha do Helesponto. A Cilícia, Chipre e a Paflagônia, que haviam voluntariamente seguido o príncipe no sítio de Babilônia, não receberam governadores persas; mas ficaram tributárias." (*Ciropedia*, VIII, 1-2). Tradução João Félix Pereira. In: *Op. cit.* Convém notar que no relato xenofontiano a Arábia integrava os territórios dominados pelos persas, ao contrário do afirmado por Heródoto no início do capítulo 88, que os árabes estavam ligados aos persas por meio de uma aliança de hospitalidade estabelecida por Cambises, quando este invadiu e dominou o Egito.

é evidente que um único de nós deve tornar-se rei, que seja escolhido por um sorteio, ou nos dirigimos ao povo persa para saber qual seria aquele que ele elegeria, ou por qualquer outro expediente; portanto, eu não competirei convosco. Pois não quero governar nem ser governado; nessas circunstâncias, renuncio ao poder, na condição de que nenhum de vós me governe, nem a mim mesmo nem aos que sempre descenderem de mim.". Depois de ele ter dito essas palavras, como seis deles concordaram com sua fala, então ele não competiu com seus companheiros, mas retirou-se do meio do público. E ainda hoje essa casa, que é a única livre, continua entre os persas e obedece tantas determinações quantas ela quer, e não transgride as leis dos persas.

84. E os restantes dos sete deliberaram sobre o modo mais justo que instituiriam seu rei. Eles julgaram que seria bom conceder isso a Otanes, também aos descendentes de Otanes, e que qualquer um dos sete poderia entrar no palácio real, e àquele que fosse concedido o poder deveria trajar-se com uma roupa meda[224] uma vez por ano e estar com tudo que lhe foi concedido de presente, ou que fosse considerado o mais valioso entre os persas. E por causa disso, deliberaram que lhe concederiam esses pedidos, porque Otanes havia pensando primeiro sobre a questão e a tinha colocado para eles. Então, Otanes recebeu essas prerrogativas. E as outras resoluções que deliberaram em comum foram estas: que qualquer um dos sete poderia entrar no palácio real[225] quando quisesse, sem que fossem anunciados por um mensageiro, a não ser quando o rei estivesse deitado com sua mulher, ainda que não fos-

224. A respeito do uso da vestimenta meda, Xenofonte emite a seguinte opinião: "Uma das máximas de Ciro era que um príncipe, para captar a afeição dos seus súditos, não deve contentar-se de excedê-los em virtudes, mas deve também usar de artifício. Vestiu-se à maneira dos medos, e fez com que os grandes o imitassem, porque o traje que usam os medos tem a dupla vantagem de ocultar os defeitos do corpo e dar aos homens uma aparência mais elegante." (*Ciropedia*, VIII, 1-2). Tradução João Félix Pereira. In: *Op. cit.*

225. Sobre esse episódio Platão, consultar *Leis*, 695c-d. É interessante perceber que a narrativa platônica traz a informação de que foram sete homens e Dario, portanto, que os magos foram destituídos por oito revoltosos, e não sete, como nos conta Heródoto. No entanto, como Heródoto, Platão relata que um deles desistiu de participar do poder, porém não nos traz informação de qual deles desistiu da partilha.

se permitido ao rei casar-se com outra mulher que não tivesse sua origem dentre aqueles que se revoltaram contra o rei anterior. E a respeito do poder real, eles deliberaram o seguinte: que, dentre os que estavam montados em seus cavalos, aquele de quem o cavalo relinchasse primeiro depois do nascer do sol no subúrbio da cidade, esse seria o detentor do poder real.

85. Dario tinha um palafreneiro[226], um sábio homem, cujo nome era Ébares. Depois de a reunião ter sido dissolvida, Dario disse para esse homem as seguintes palavras: "– Ébares, foi decidido por nós a respeito do poder real que estas coisas devem ser feitas: dentre os que tiverem montados em seus cavalos, aquele de quem o cavalo relinchar primeiro com o nascer do sol, esse tomará posse do reino. Portanto, agora, se tiveres alguma sabedoria, planeja com arte como nós faremos para obter essa honra e não qualquer outro.". Ébares disse-lhe em resposta o seguinte: "– De fato, se nesse momento tu terás a honra de ser rei ou não, senhor, encoraja-te por isso e tenha o que é bom no espírito, porque serás o rei e nenhum outro o será antes de ti; pois tenho um remédio[227] para tal situação.". E Dario disse: "– Assim, se tens um expediente para tal situação, planeja-o com arte na hora certa e não tardes a começar o seu preparo, porque a nossa disputa será nesta manhã seguinte.". Depois de ter ouvido essas palavras, Ébares fez o seguinte: quando se tornou noite, ele pegou uma das éguas de

---

226. Em grego ἱπποκόμος (*hippokómos*), que significa "serviçal que cuidava das montarias". O posto ocupado por Ébares demonstra a sua habilidade, pois o cuidador de cavalos deveria ser alguém com inteligência e conhecimento para tratar de um animal igualmente considerado inteligente por ser um animal versátil em condições climáticas adversas. Como a criação de cavalos também era muito dispendiosa, a posse de tal animal, portanto, denotava um sinal de riqueza; por isso o seu tratador deveria ser alguém mais qualificado, não só para a criação, mas também para o seu adestramento.

227. Ébares afirma que "ἔχω φάρμακα" (*ékhō phámarka*), que significa literalmente que ele "tem uma beberagem preparada" ou "unguento", o que demonstra que sua sabedoria estava também em saber preparar poções ou medicamento, ou ainda mesmo venenos, tal como se fosse um mago ou um feiticeiro. Para nos manter dentro do campo semântico da expressão "ἔχω φάρμακα" (*ékhō phámarka*), optamos por traduzi-la por "tenho um remédio", visto que Ébares não utiliza nenhuma poção ou beberagem para atingir o seu fim.

Dario, a que ele gostava mais, e a conduziu para o subúrbio da cidade, amarrou-a e depois trouxe um cavalo de Dario e fez com que ele muitas vezes desse a volta bem próximo em torno dela, encostando nessa égua, e por fim, ele deixou o cavalo livre para realizar a cópula.

86. Quando o dia começou a nascer, os seis, conforme haviam combinado, estavam presentes montados em seus cavalos; e enquanto cavalgavam para o subúrbio da cidade, quando chegaram no ponto do território onde a égua havia sido amarrada durante a noite passada, nesse momento o cavalo de Dario disparou para lá e relinchou. Mas, ao mesmo tempo em que o cavalo emitiu seu relincho, surgiram um trovão e um raio de luz do céu azul. Depois de terem sobrevindo esses acontecimentos que foram perfeitos para Dario[228], tal como que confirmando sua designação; e os que assistiram os eventos desceram de seus cavalos e prosternaram-se diante de Dario[229].

87. Então, uns dizem que Ébares maquinou isso com arte, outros dizem as seguintes coisas (de fato, ambas as histórias são contadas pelos persas): que Ébares teria tocado com sua mão no órgão sexual dessa égua e a teria escondido em sua calça[230], que no momento em que o sol se levantou, quando os cavalos estavam saindo para partir, Ébares tirou a mão do bolso da sua calça e a levou em direção ao

---

228. O episódio narrado por Heródoto revela o quanto a providência divina foi favorável a Dario. Certamente, como o historiador afirma ter investigado suas histórias juntos aos sacerdotes dos templos mais afamados, é natural que tal relato venha carregado da visão sacerdotal de que todos os acontecimentos refletem a vontade dos deuses.

229. Sobre esse costume dos persas, Heródoto relata: "Quando, por acaso, dois homens se encontravam em uma estrada, alguém poderia compreender se os circunstantes eram iguais socialmente; pois, em vez de saudarem um ao outro com palavras, beijavam-se na boca. Mas, se um dos dois estivesse um pouco abaixo, beijavam-se nas bochechas. E, se um dos dois fosse muito menos nobre, punha-se de joelhos e prostrava-se diante dele." (*Histórias*, I, 134). Tradução Maria Aparecida de Oliveira Silva. In: *Op. cit.*

230. Heródoto grafa: ἐν τῇσι ἀναξυρίσι (*em tēisi anaxyrísi*), que optamos traduzir por "em sua calça", mas ἀναξυρίς (*anaxyrís*) significa literalmente "calça comprida ampla", costumeiramente usada pelos orientais. Nossa tradução apenas quis tornar claro o entendimento de que Ébares molhou sua mão com os fluidos do órgão sexual da égua e a escondeu atrás da calça.

focinho do cavalo de Dario, e depois de o animal o ter sentido, ele exalou um sopro ruidoso e relinchou.

88. Então Dario, filho de Histaspes, foi declarado como rei, e todos os que habitavam na Ásia, à exceção dos árabes, eram seus súditos, porque Ciro os havia subjugado e depois, novamente, Cambises[231]. E os árabes jamais foram súditos na condição de escravos dos persas, mas tornaram-se aliados por laços de hospitalidade[232]; pois contra a vontade dos árabes os persas não poderiam ter invadido o Egito. E Dario realizou seus casamentos entre os mais importantes persas, com duas filhas de Ciro: Atossa e Artístene[233]; Atossa havia se casado antes com o seu próprio irmão Cambises, e novamente com o mago, enquanto Artístene era virgem; e ele casou-se com outra filha de Esmérdis, filho de Ciro, cujo nome era Pármis[234]; e ainda desposou a filha de Otanes, que fez a revelação sobre o mago[235]. Tudo estava se preenchendo com o seu poder. Portanto, em primeiro lugar, ele talhou uma figura em pedra e a erigiu; nela estava gravada a imagem de um cavaleiro, e palavras inscritas que diziam o seguinte: "– Dario, filho de Histaspes, com a virtude de seu cavalo (dizendo o seu nome) e de seu palafreneiro Ébares, foi empossado no reino dos persas.".

89. Depois de ter feito isso, instituiu vinte províncias entre os persas, as quais denominou satrapias[236]; quando Dario terminou de

---

231. Xenofonte relata que, depois de Ciro ter morrido, os povos dominados revoltaram-se contra o Império Persa e Cambises os conteve (*Ciropedia*, VIII, 8).

232. Heródoto conta este episódio no capítulo 7 deste *Livro III*. No entanto, como vimos no relato de Xenofonte, *Ciropedia*, VIII, 7, os árabes faziam parte dos territórios dominados pelos persas.

233. Artístene ocupou o lugar de primeira esposa depois de Atossa ter sido repudiada por Dario. Não dispomos de mais informações além das fornecidas por Heródoto.

234. Heródoto é a nossa única fonte sobre esta personagem.

235. Costume entre as sociedades antigas de estabelecer vínculos de amizade e políticos por meio de casamentos realizados entre os membros das famílias mais influentes. Hábito que se mantém na Idade Média e ainda hoje em menor grau.

236. Cada satrapia era uma província com um governador próprio chamado de sátrapa, que era nomeado pelo rei. Estes sátrapas tinham certa autonomia em suas administrações, mas eram sempre vigiados pelos conhecidos "olhos do rei".

instituir as satrapias e de estabelecer seus respectivos governadores, ordenou a cada um dos seus povos que lhe pagassem tributos, dispondo os habitantes dos territórios mais próximos para junto dos seus povos, e reunindo os que habitavam próximos aos povos, colocando-os para habitarem uns com os outros. E ainda ordenou os governantes e o recebimento anual dos tributos da maneira que se segue. Para aqueles que faziam os seus pagamentos em prata, ele pedia que fizessem seus pagamentos conforme a medida do talento babilônico[237]; enquanto àqueles que pagavam seus tributos em ouro, pediu que eles o fizessem conforme o talento euboico[238]; e o talento babilônico equivale a setenta minas[239] euboicas. Pois, na época em que Ciro governava e novamente na de Cambises, não existia nenhum imposto instituído a respeito disso, mas pagava-se com presentes. Por causa dessa ordenação do tributo e de outras semelhantes a essa, os persas dizem que Dario era um mercador, e que Cambises era um déspota, e que Ciro era um pai, porque um negociava todas as coisas, o outro era intratável e indiferente, e este porque era gentil e planejava com arte todas as coisas que lhes fossem boas.

Em grego: ὀφθαλμὸς βασιλέος (*ophthalmòs basiléos*), isto é, "olho do rei". Tal expressão é usada para designar um emissário encarregado de inspecionar ou administrar as ordens dadas pelo rei persa. A biografia plutarquiana de Artaxerxes, um rei persa, 404-358 a.C., relata um episódio ocorrido depois da morte de Ciro, o qual envolve um certo Artasira, identificado como um "olho do rei", que é tratado como um espião. Cf. Plutarco, *Vida de Artaxerxes*, XII, 1-5.

237. O talento babilônico atendia a duas medidas: o talento leve tinha cerca de 30,3 quilos, já o pesado tinha a medida de 60,6 quilos, e valia exatamente o dobro do primeiro.

238. O talento euboico, na verdade, era um sistema de medida que se pautava no modelo instituído pelos persas. Esta medida foi difundida na Hélade pelos comerciantes helenos das regiões beócias da Eritreia e de Cálcis, e mais tarde se tornou o sistema de medida de Atenas. No entanto, os valores dos talentos euboico e ateniense eram diferentes. Assim, cada talento euboico equivalia a 25,92 quilos, enquanto o talento ático antigo valia 35,937 quilos, que depois foi alterado pelo legislador Sólon, século VI a.C., para 36,39 quilos para o sistema comercial de pesos e medidas e 25,92 quilos para o sistema monetário, igualando-se ao euboico.

239. Cada mina euboica equivale a 432 gramas.

90. Então, dos iônios, os magnésios da Ásia[240], os eólios, os cários, os lícios, os mileus e os panfílios[241] (pois eles tinham um único imposto e esse era de quatrocentos talentos), Dario recebia quarenta talentos de prata; de fato, essa era a primeira província que havia sido estabelecida; e dos mísios, lídios, lasônios, cabaleus e hiteneus[242], recebia a quantia de quinhentos talentos; e essa era a segunda província. E dos helespontinos que estavam do lado direto quando se navegava entrando pelo estreito[243], e dos frígios, trácios da Ásia, paflagônios, mariandinos e sírios[244] recebia um tributo que era no valor de trezentos e sessenta talentos; e essa era a terceira província. E dos cilícios[245] recebia trezentos e sessenta cavalos brancos, um para cada dia[246], e também quinhentos talentos de prata; e desta quantia, cento e quarenta eram destinados para gastar com a guarda equestre do território da Cilícia[247] e os trezentos e sessenta restantes iam para Dario; e essa era a quarta província.

91. Da cidade de Posideia[248], a que Anfíloco[249], filho de Anfiarau[250], fundara entre as fronteiras dos cilícios e dos sírios, ele também

---

240. Povos da Tessália e da região da península da Magnésia.

241. Povos situados a sul e sudeste do território da Anatólia.

242. Povos que habitavam a região noroeste da Anatólia.

243. Habitantes da parte asiática do Helesponto.

244. Povos que ocupavam as regiões norte e noroeste da Anatólia.

245. Povos que habitavam a Cilícia.

246. Isto é, um cavalo para cada dia do ano. Note que os persas mensuravam um ano em 360 dias.

247. Região costeira localizada ao sul da Ásia Menor, próxima à ilha de Chipre.

248. Localizada próxima à embocadura do rio Orontes, vizinha à Cilícia.

249. Filho mais novo de Anfiarau, era muito jovem quando seu pai atacou Tebas; aparece como um dos pretendentes de Helena e nessa condição participou da Guerra de Troia. No entanto, o nome de Anfíloco não é citado na *Ilíada* de Homero.

250. Adivinho argivo que participou da caçada ao javali calidônio e da expedição dos Argonautas. No entanto, o adivinho tornou-se mais célebre por sua participação na malsucedida expedição dos Sete contra Tebas, para a qual foi enviado após um ardil de sua esposa, ciente de que ele morreria nessa expedição, o que de fato

governava esse território até o Egito, à exceção da parte do território dos árabes (pois essa era isenta de tributos), e Dario recebia deles o tributo no valor de trezentos e cinquentas talentos; e estava nessa província toda a Fenícia, a Síria chamada Palestina[251] e Cipro[252]; e essa era a quinta província. Do Egito, e ainda os líbios que estavam próximos ao Egito, também Cirene[253] e Barce[254] (pois esses mesmos territórios foram dispostos na província do Egito), pagavam o tributo a Dario no valor de setecentos talentos, além do que provinha do lago Méris[255], o que era gerado pela pesca dos seus peixes; de fato, à parte dessa prata e do pagamento em suprimento de trigo, Dario recebia em tributo a quantia de setecentos talentos; pois aproximadamente cento e vinte mil medimnos[256] de trigo dos persas eram pagos aos persas que habitavam na Muralha Branca[257] da cidade de Mênfis e aos seus mercenários; essa era a sexta província. E ainda os satagidas, os gardários, os dádicas e os aparitas[258] estavam dispostos no mesmo lugar, e pagavam o

---

ocorreu. Ele teve a morte vingada por seus filhos. Sobre o episódio em que sua mulher o convence a participar da expedição, consultar: *Biblioteca Histórica*, IV, 65.4-66.1, de Diodoro Sículo. Há uma tragédia de Ésquilo em que o poeta conta a história dessa malfadada expedição em sua peça intitulada *Sete contra Tebas*.

251. A Síria Palestina incluía o território dos filisteus, pois Palestina significa a "terra dos filisteus", que ocupavam a região de Jerusalém.

252. O nome que os antigos helenos davam à ilha de Chipre.

253. Colônia fundada pelos antigos helenos no território da Líbia, por ser a mais importante das cinco cidades fundadas pelos helenos, a saber: Cirene, Arsínoe, Euespérides, Balagras e Barce; a região recebeu o nome de Cirenaica ou de Pentápolis.

254. Cidade localizada na Líbia, a oeste de Cirene.

255. O lago Méris foi construído no século XIX a.C. pelo faraó Amenemhat III, também conhecido como o Lago de Osíris.

256. Cada medimno equivale a mais ou menos 51 litros. Convém lembrar que os produtos eram transportados em jarros semelhantes às ânforas, por isso a medida em litro, não em quilo.

257. Tal construção de fato existiu, pois Tucídides, I, 104, narra um episódio envolvendo a Muralha Branca, conforme descrevemos no capítulo 13 deste *Livro III*, que pode ser lido na nota 50, sobre o lídio Ínaro.

258. Povos que habitavam o extremo norte da parte oriental do Império Persa.

tributo de cento e setenta talentos; e essa era a sétima província. De Susos e ainda do restante do território da Císsia[259],

92. Dario recebia o tributo de trezentos talentos; e essa era a oitava província. E da Babilônia[260] e o restante da Assíria[261] pagavam mil talentos de prata e enviavam quinhentos meninos castrados para Dario; e essa era a nona província. E de Ecbátanos e do restante da Média, e os paricânios e os ortocoribântios[262] pagavam ainda qua-

---

259. Região montanhosa situada entre Susos e Ecbátanos, localizada ao sul do Império Persa.

260. Cidade da antiga Mesopotâmia, célebre cidade do Império Acadiano. Heródoto tece o seguinte relato sobre a Babilônia: "Na região da Assíria há outras muitas e grandes cidades, mas a mais famosa e forte era a Babilônia, lá onde eles tinham o poder real estabelecido após Nínive ter sido destruída, então era uma cidade de tal natureza. Situada na extensa planície, tendo o tamanho de frente de cada lado de cento e vinte estádios, formando um quadrado; esses estádios, todos juntos, perfaziam quatrocentos e oitenta de perímetro para a cidade. Então, o extenso tamanho, que é próprio da cidade da Babilônia, foi ornamentado como nenhuma outra cidade dentre as que nós mesmos vimos. Em primeiro lugar, um poço profundo e extenso, cheio de água, circunda-a, depois dele, há uma muralha que tem a largura de cinquenta côvados régios e uma altura de duzentos côvados; e o côvado régio é três dedos maior que o côvado comum. Então, além disso, deve-se dizer ainda onde foi usada a terra proveniente do fosso e de que modo se construiu a muralha. Ao mesmo tempo em que cavavam o fosso, faziam tijolos com a terra que era retirada da escavação, e quando formatavam os tijolos suficientes, cozinhavam-nos nos fornos; depois disso, como argamassa, utilizavam betume quente e intercalavam alicerces de trinta tijolos com treliças de cálamos; primeiro, construíram as beiradas da muralha, em seguida, a própria muralha do mesmo modo. Acima da muralha, construíram casas de um único compartimento ao lado das suas extremidades, voltadas umas para as outras; deixando um espaço no meio das casas, uma pista para a circulação de uma quadriga. E cem portas foram colocadas ao redor da muralha, todas de bronze, do mesmo modo que as pilastras das portas e das vigas acima delas. Há outra cidade que se distancia oito dias de jornada da Babilônia, cujo nome é Is. Onde há um rio não muito grande e esse rio também recebe o nome de Is; que deságua nas correntes do rio Eufrates. Esse rio Is liberava com suas águas muitos coalhos de asfalto, de lá, o asfalto encaminhou-se para a muralha da Babilônia. Desse modo, a cidade da Babilônia foi então construída.". (*Histórias*, I, 178-180). Tradução Maria Aparecida de Oliveira Silva. In: *Op. cit.*

261. Região situada ao norte da Mesopotâmia, em torno do rio Tigre.

262. Todos povos que habitavam na região da Média, próximo ao monte Zagro, que constitui a maior cadeia montanhosa situada nesse território.

trocentos e cinquenta talentos a Dario; e essa era a décima província. E os cáspios, os pausulanos, pantímatos e os daritos[263], reunidos em um mesmo grupo, pagavam o tributo no valor de duzentos talentos; e essa era a décima primeira província. E dos bactrianos ...[264] até o território dos aiglos[265], o tributo que Dario recebia era no valor de trezentos talentos; e essa era a décima segunda província.

93. E da Páctica[266], dos armênios[267] e dos povos que habitavam próximos do Ponto Euxino[268], recebia trezentos talentos; e essa era a décima terceira província. E dos sagártios, sarangeus, tamanaios, útios, micônios e os que habitavam nessas ilhas do Mar Eritreu[269], nas quais eram chamados de os emigrados[270], o rei estabeleceu-os nessas ilhas, desses todos Dario recebia o tributo no valor de seis-

---

263. Povos que ocupavam a parte do sul do território banhado pelo Mar Cáspio.

264. Pequena lacuna do manuscrito, imperceptível na tradução; talvez a ausência da conjunção aditiva καί (*kaí*), visto que a pequena lacuna está ao lado da partícula δέ (*dé*), e que juntas poderiam ser traduzidas apenas pela nossa conjunção aditiva "e".

265. Povos que habitam a região conhecida como Báctria, localizada na Ásia Central.

266. Região localizada entre o Mar Cáspio e o Ponto Euxino.

267. Todos os habitantes que compunham a décima terceira província ocupavam a região entre o Mar Cáspio e o Ponto Euxino, próximos à Cólquide.

268. O Mar Negro era originalmente chamado de Ponto Euxino.

269. Povos que habitavam na região conhecida hoje por Golfo Pérsico, próximos à península Arábica.

270. Heródoto escreve em grego: τοὺς ἀνασπάστους καλεομένους (*toùs anaspástous kaleoménous*), que optamos por traduzir como "os que eram chamados emigrados", mas também pode ser entendido como os "os que eram chamados de deportados", conforme o significado de adjetivo ἀνασπαστός (*anaspastós*) que significa "levado para o interior", "arrastado", "deportado" ou quando no plural acompanhado do artigo como οἱ ἀνασπαστοί (*hoi anaspastoí*), pode ser traduzido como "os emigrados". As traduções em geral optam por traduzir como "relegados", "desterrados" ou outros termos dentro desse campo semântico. No entanto, Heródoto afirma logo a seguir que κατοικίζει βασιλεύς (*katoikízei basileús*), que "o rei os estabeleceu" nessas ilhas – convém ressaltar que o verbo está conjugado no presente, que o lemos como um presente histórico. O verbo κατοικίζω significa "conduzir", "estabelecer", "instalar", "depositar" e

centos talentos; e essa era a décima quarta província. E os sacas e os cáspios[271] pagavam a quantia de duzentos e cinquenta talentos; e essa era a décima quinta província. E os partos, os corásmios, os sogdos e os areios[272] pagavam trinta talentos a Dario; e essa era a décima sexta província.

94. E os paricânios e os etíopes da Ásia[273] pagavam quatrocentos talentos; e essa era a décima sétima província. E os matienos, sáperios e alaródios[274] tinham estabelecido como tributo o valor de duzentos talentos; e essa era a décima oitava província. Para moscos, tibaremos, macrones, mossinecos e mares[275], Dario pedia a quantia de trezentos talentos; e essa era a décima nona província. E dos indianos, cuja quantidade em muito é a maior dentre todos os homens que nós vimos, e eram os que pagavam um tributo que ia além de todas as outras províncias, no valor de trezentos e sessenta talentos de ouro em pó; essa era a vigésima província.

95. De fato, quando o montante de talento em prata babilônica é convertido para o equivalente euboico, torna-se nove mil e quinhentos e quarenta talentos e o ouro. Porque o ouro é calculado treze vezes mais em relação à prata, o ouro em pó é trocado por quatro mil e seiscentos e oitenta talentos euboicos. Portanto, reunindo todos os tributos, a quantia que era acumulada em talentos euboicos para o pagamento do tributo a Dario perfaziam quatorze

---

até mesmo "reconduzir à pátria" ou "repatriar", não expulsar ou deportar, por isso optamos por traduzir como "emigrados".

271. Povos que habitavam nas proximidades da região conhecida como Báctria.

272. Habitantes do norte da Báctria que ocupavam desde essa região até o sudeste da Hircânia, próximos ao Mar de Aral. Nessa província existiam diversas tribos nômades que não foram listadas por Heródoto.

273. Povos que habitavam a região da Gedrosia, banhada pelo Oceano Índico, cuja unidade administrativa estava situada em Pura, a sua capital.

274. Povos que habitavam os territórios localizados a sudoeste do Mar Cáspio.

275. Povos que ocupavam as regiões situadas ao sudoeste do Ponto Euxino, ou do Mar Negro, como o conhecemos hoje.

mil e quinhentos e sessenta talentos; e ainda não faço o cálculo daqueles valores inferiores que foram citados antes.

96. Esse era o tributo pago a Dario, vindo da Ásia e de alguns poucos territórios da Líbia; todavia, passado um tempo, também outro tributo era pago a Dario vindo das ilhas e dos que habitavam na Europa até o território da Tessália[276]. Esse tributo era entesourado pelo rei da seguinte maneira: depois dos metais serem derretidos, vertia-os em jarros de argila, e depois de os jarros ficarem completamente cheios, o invólucro de argila é retirado; e quando Dario necessitava de dinheiro, cunhava o tanto quanto ele necessitasse de moeda.

97. Portanto, essas eram as províncias e a distribuição dos seus tributos. E o território da Pérsia foi o único que não foi afirmado por mim que pagava tributo; pois os persas habitavam o seu território e estavam isentos de tributos. E a estes não foi ordenado que pagassem nenhum tipo de tributo, mas levavam presentes a Dario; e os etíopes que eram limítrofes ao território egípcio, depois de Cambises tê-los pilhado quando realizaram a sua expedição militar contra os macróbios etíopes, ...[277] e os que colonizaram a sagrada Nisa[278] e realizavam festividades em honra de Dioniso; esses etíopes e os seus vizinhos tinham seus espermas da mesma natureza, também os indianos calantias, construíram suas habitações embaixo da terra; ambos esses povos a cada dois anos levavam, e ainda levam até a minha época, duas quênices[279] de ouro em seu estado natural[280], duzentos troncos de ébano, cinco meninos etíopes e vinte

---

276. Região fronteiriça do norte Macedônia e que se estendia até o Mar Egeu.

277. Pequena lacuna do manuscrito.

278. Localizada na região do médio rio Nilo.

279. Em grego, Heródoto grafa δύο χοίνικας (*dúo khoínikas*), sendo este último o substantivo acusativo feminino plural de χοῖνιξ (*khoînix*) que significa "quênice", medida de capacidade para sólidos, equivalente a três ou quatro cótilos, e cada cótilo equivale a um litro.

280. A expressão em grego é δύο χοίνικας ἀπύρου χρυσίου (*dúo khoínikas apýrou krysíou*) que literalmente significa "duas quênices de ouro não passado

presas grandes de elefante. E os colcos estavam determinados para o pagamento do tributo com presentes e os seus vizinhos até a montanha do Cáucaso[281] (pois o território até essa montanha é governado pelos persas, e ninguém ainda se preocupa com os assuntos administrativos dos persas depois do território em direção ao vento norte do Cáucaso), portanto esses determinavam a si mesmos que pagassem seus tributos com esses presentes, e até a minha época ainda os enviavam, a cada quatro anos, cem meninos e cem virgens. E os árabes enviavam mil talentos de incenso a cada ano. E além do tributo, esses povos enviavam esses presentes ao rei.

98. E com relação a toda essa grande quantidade de ouro, do qual os indianos pagavam o tributo que mencionei ao rei, eles obtiveram-no do modo que se segue. A areia é a característica própria do território índico voltado para o sol nascente; pois dentre os povos que nós conhecemos, também dentre os quais se conta alguma coisa exata, os indianos foram os primeiros dentre os homens existentes na Ásia que habitaram os territórios que vão da aurora até o sol nascente; pois o território dos indianos em direção à aurora é um deserto por causa da sua areia[282]. E existem muitos povos indianos e que não falam a mesma língua entre si[283], mas existem uns que são nômades, enquanto outros não o são; aqueles que habitam nos territórios pantanosos do rio e alimentam-se de peixe cru, que pescam nas embarcações de caniços que eles constroem; e cada embarcação é construída com

---

pelo fogo", de onde optamos por traduzir como "duas quênices de ouro em seu estado natural".

281. Região montanhosa localizada entre o Mar Negro e o Mar Cáspio, delimitando a fronteira entre a Ásia e a Europa. Cáucaso é como os helenos chamavam-no, pois os habitantes da região chamavam-no de Kafkas.

282. Trata-se do deserto de Thar, conhecido também como o Grande Deserto da Índia, situado a oeste do rio Indo, considerado por Heródoto como sendo o território que delimita o fim do mundo oriental.

283. Heródoto descreve os povos indo-europeus que habitavam na região oeste da Índia e, embora pertencessem a etnias diferentes, o historiador trata todos como se fossem indianos. Portanto, realmente, esses povos apresentavam costumes muito diferentes e falavam línguas distintas uns dos outros.

uma única junta do cálamo[284]. Então, esses indianos trajam um tipo de vestimenta feita de uma espécie de junco; logo depois de terem feito a colheita dessa espécie de junco originária do rio, eles a cortam; a partir de então, eles a entrelaçam à maneira de uma coberta que eles vestem como se fosse uma couraça.

99. Outros indianos que habitam no território em direção à aurora são nômades, alimentam-se de carnes cruas, e são chamados de padeus[285]. E dizem que eles têm os costumes tais os que se seguem. Quando um dos seus cidadãos[286] fica doente, quer uma mulher ou um homem, os homens que lhe são mais próximos matam esse homem, dizendo que, se ele for consumido pela doença, as suas carnes serão destruídas. E aquele que se recusa a admitir que esteja doente, e eles não tomam conhecimento disso, matam-no e regalam-se com ele; ou quando uma mulher é acometida por uma doença, do mesmo modo, as mulheres que lhe são mais próximas fazem as mesmas

---

284. É evidente que se trata de um relato inverossímil, visto que uma embarcação não poderia ser construída com uma única junta de um cálamo, ou de um único nó da haste da cana. Esta cana é conhecida por cana da Índia, cujo nome original é *kana*. Tal vegetação pode atingir até dezesseis metros de altura e é utilizada para construção de casas, instrumentos musicais, roupas etc. É provável que Heródoto apenas tenha ouvido um relato sobre tal embarcação, sem que a tenha visto de fato. Na primeira referência a essas embarcações, Heródoto grafa πλοίων καλαμίνων (*ploíōn kalamínōn*), que significa "embarcações de caniços", enquanto na segunda referência, o historiador grafa καλάμου δὲ ἓν γόνυ πλοῖον (*kalámou dè hén góny ploîon*) que traduzimos por "embarcação [construída] com única junta do cálamo".

285. Não dispomos de mais informações sobre esse povo. Existem suposições sobre a etimologia do nome padeus, uns afirmam que deriva da palavra sânscrita *padi*, que significa "selvagem", outros interpretam como sendo do sânscrito *malo*, que significa "mau".

286. É interessante perceber que Heródoto grafa τῶν ἀστῶν (*tōn astōn*), genitivo masculino plural de ὁ ἀστός (*ho astós*), que tem o significado de "habitante da cidade", "nascido na cidade" ou "citadino". No plano político, ainda significa "aquele que tem direitos civis" ou "cidadão". Portanto, notamos que novamente Heródoto utiliza termos correntes na Hélade, em particular, na cidade de Atenas, para tecer seus comentários sobre os demais povos. Ressaltamos a incongruência do termo ὁ ἀστός (*ho astós*) em um contexto de nomadismo, visto que não existe uma cidade, instituições políticas, muito menos concessão de cidadania.

coisas que esses homens. De fato, fazem sacrifícios com aquele que atinge a velhice, e depois regalam-se com ele. E até esse ponto do meu relato, não foram muitos os que atingiram a velhice; pois antes de envelhecer, todo indivíduo cai doente e é morto.

100. Mas existe um modo de vida diferente entre os outros indianos, que é o seguinte: eles não matam nenhum ser vivo, nem semeiam nada, nem têm o costume de possuir casas, e se alimentam de ervas; eles também têm um tipo de legume que é mais ou menos do tamanho de um grão de milho em sua florescência, que nasce espontaneamente da terra, que colhem, cozinham-no com a sua própria casca e alimentam-se dele. E quando algum deles cai doente, vai para o deserto e deita-se lá; e ninguém sequer se preocupa se ele está morrendo, nem se está sendo acometido por uma doença.

101. A relação sexual entre todos esses indianos que expus é em público, conforme fazem os rebanhos, e todos têm a cor da pele igual, bem parecida com a dos etíopes[287]. E o esperma deles, o que eles ejaculam nas mulheres, não é branco como os dos demais homens, mas é negro, como a sua pele; e os etíopes ejaculam um sêmen da mesma espécie[288]. Esses indianos habitam muito distante dos persas, em direção ao vento sul, e eles jamais foram subjugados pelo rei Dario.

102. E outros indianos são vizinhos da cidade de Caspatiro[289] e do território páctico[290], colonizaram em direção ao Norte e

---

287. Os indianos dessa região são de etnias distintas e apresentam cores diferentes de pele, que vão de uma tez fortemente bronzeada a uma pele negra, os primeiros com cabelos lisos e os segundos com cabelos crespos.

288. Interessante notar que Heródoto associa a tez escura dos indianos à cor do seu esperma, tal como o faz com os etíopes, de onde percebemos que o historiador utiliza o seu imaginário para descrever características físicas de seus observados, uma vez que o esperma tem cor semelhante para todos os homens, não importando sua raça.

289. Não sabemos ao certo qual é a localização de Caspatiro, provavelmente localizada próxima ao rio Indo.

290. Território em que habitavam os povos situados entre o Mar Cáspio e o Ponto Euxino.

ao vento norte dos outros indianos, eles têm um modo de vida bem parecido com os dos bactrianos. Esses também são os mais guerreiros dentre os indianos e são esses que se organizam para ir em busca de ouro; pois esse mesmo território, por causa da areia, é um deserto. Então, nesse mesmo deserto e nessa areia nascem formigas que são enormes, menores que os cães, mas maiores que as raposas[291]; pois existem algumas delas junto ao rei dos persas, de quando eles realizaram caçadas nesse território. Portanto, enquanto essas formigas constroem suas moradas embaixo da terra, elas trazem a areia para cima dela, do mesmo modo como fazem as formigas nos territórios helenos, e ainda, quanto à aparência, elas são semelhantes; e a areia que é trazida para cima da terra é pó de ouro. Então, os indianos organizam-se para ir em busca dessa areia no deserto; cada um deles tem três camelos atrelados em si mesmo, que conduz por meio de uma corda, arrasta um camelo macho de cada lado e uma fêmea no meio; então, ele mesmo monta no camelo fêmea, que ele separou dos filhotes, os mais novos possível, e foi adaptado para que fosse atrelada e montada; pois seus camelos fêmeas não são menos mais rápidos que os cavalos; e além disso, são capazes de transportar muito mais cargas.

103. Então, porque os helenos o conhecem, não discorrerei sobre a aparência do camelo; mas sobre o que eles não conhecem a respeito dele, isso relatarei; um camelo tem em suas patas traseiras quatro

291. Novamente percebemos que Heródoto descreve a visão corrente em um imaginário, o que demonstra que ele os conhece por ter ouvido falar. Além de tal descrição revelar que o historiador não viu esses animais, notamos ainda o paralelo que o historiador estabelece com animais característicos da Hélade. Provavelmente trata-se de marmotas ou de lirones, ambos mamíferos roedores originários dessa região. As escavações que realizavam nesses territórios, por deixarem acúmulos de areia, assemelhavam-se aos montes feitos por formigas, e em razão disso eram conhecidos como formigueiros, e os animais também eram chamados de formigas. Durante tais escavações, esses animais também traziam à tona o ouro encoberto pelas areias do deserto.

coxas e quatro joelhos[292], e seus órgãos sexuais estão entre as suas patas viradas em direção a sua cauda[293].

104. Então os indianos, servindo-se desse tipo de comportamento e de tal forma de atrelamento, cavalgam em busca do ouro, calculando para que estejam na sua captura quando o sol estiver mais ardente; pois as formigas tornam-se visíveis em cima da terra, por causa do calor ardente do sol. E o sol nesses territórios é mais ardente no período da manhã para esses homens, não é como para os demais territórios que é no meio do dia, mas desde quando o sol se levanta até o momento em que a ágora fecha[294]; durante esse tempo, o sol queima muito mais que no meio-dia da Hélade, tanto de sorte que existe o relato de que eles ficam mergulhados na água durante essa hora do dia; e quando o dia está quase na sua metade, o sol queima de modo muito parecido tanto para os outros homens quanto para os indianos; e quando o sol do meio-dia baixa para a entrada da tarde, torna-se nesses territórios como é para os demais durante a manhã; e a partir desse momento, quando o sol se afasta do centro dos territórios, a região se torna ainda mais fria, até o pôr do sol, quando fica muito frio.

105. E depois de eles terem chegado neste ponto do seu território, os indianos seguram pequenos sacos, que eles enchem com essa areia, e cavalgam rapidamente de volta para seu território; pois

---

292. A descrição de Heródoto parece-nos bastante curiosa, mas o que ocorre é que ele considerou as protuberâncias das coxas e dos joelhos como elementos constituintes das patas traseiras dos camelos, como se fossem coxas e joelhos duplos.

293. Embora a descrição das patas dos camelos esteja equivocada, a dos órgãos sexuais está apropriada, o que revela seu real conhecimento do animal; houve apenas um erro de interpretação quanto a suas patas.

294. Novamente a referência de Heródoto é o costume dos helenos. Primeiro porque utiliza a expressão: μέχρις οὗ ἀγορῆς διαλύσιος (*mékhris hoû agorês dialýsios*), que traduzimos por "até o momento em que ágora fecha", pois ágora é a praça principal de uma cidade helena, neste caso, ágora assume o significado de mercado; depois porque a ágora ou o mercado costumava ser fechado antes do meio-dia, conforme o costume dos helenos. Pelas informações disponíveis nos autores antigos, calcula-se que o mercado na Hélade costumava abrir por volta das nove horas e fechar ao meio-dia.

logo as formigas sentem o seu cheiro, como então é contado pelos persas; quando elas os percebem, partem em sua perseguição. E não existe nenhum outro animal com velocidade semelhante à delas[295], tanto que, se os indianos não se antecipassem em fuga pelo caminho, nesse momento as formigas reuniam-se, e nenhum deles sobreviveria ao seu ataque. Então os camelos machos, porque são arrastados, são deixados para trás, não os dois ao mesmo tempo, pois são menos rápidos que as fêmeas; mas as fêmeas recordam-se das suas crias que deixaram no seu território, e não demonstram nenhuma fraqueza[296]. Então, os indianos obtêm assim grande parte do seu ouro, como os persas contam; mas existe um outro tipo de ouro que é mais raro em seu território que eles escavam nas minas.

106. Enquanto os territórios mais nos confins, que de algum modo foram habitados, tiveram o destino de ter os produtos mais valiosos, a Hélade, segundo suas estações do ano, teve o destino de ter as mais bem temperadas. Isso acontece, por um lado, porque a Índia,

---

295. É evidente que Heródoto confere mais emoção ao seu relato com essa narrativa, pois é sabido que as marmotas são animais lentos.

296. O forte sentimento de proteção dos animais com relação a suas crias, em especial no caso das fêmeas, é um lugar-comum na literatura helena. Tal pensamento se manifestará ainda em Plutarco, um filho da Hélade do período da dominação romana, séculos I e II d.C., quando escreve que "as perdizes, quando perseguidas com seus filhotes, elas permitem que eles voem adiante e fujam, enquanto planejam o conveniente para que os caçadores virem-se próximos a elas e quando pouco falta para apanhá-las, elas fogem às pressas; em seguida, outra vez se detêm e se apresentam ao alcance da esperança deles, e assim enfrentam o perigo até a salvação de suas crias e as conduzem para longe de seus perseguidores. Todos os dias temos sob os olhos o hábito das galinhas de rodear suas crias, de abrir as asas para encobrir umas, enquanto carregam outras nas costas, avança de todo modo, com a alegria de suportar qualquer coisa e de expressar seu amor; quanto a cadelas e cobras, quando temem por si mesmas, fogem; quando por seus filhotes, defendem e lutam além de sua capacidade. Logo pensamos que esses sentimentos neles é a natureza atuando para o crescimento dos pintinhos, também percebida entre cães e ursos". (*Do amor aos filhos*, 494E-F). Tradução Maria Aparecida de Oliveira Silva. In: Plutarco. *Do amor aos filhos*. Tradução, introdução e notas Maria Aparecida de Oliveira Silva. São Paulo: Edipro, 2015.

dentre os territórios habitados, é o último que está voltado para a aurora, tal como há pouco havia dito; por outro, porque nesse território os seres vivos, os quadrúpedes e as aves, em muito são maiores que os existentes nesses demais territórios, à exceção dos cavalos (esses são superados pelos cavalos da Média, que são chamados neseus[297]), e ainda o ouro nesse mesmo território é abundante, o que é extraído das minas, e o que é trazido pelos seus rios, que é recolhido tal como já foi assinalado. E as árvores selvagens neste mesmo território produzem um fruto lanoso que fabricam a mais bela lã e melhor que a produzida pelas ovelhas[298]; e os indianos trajam-se com roupas feitas dos frutos dessas árvores.

107. E, por sua vez, em direção ao território localizado no extremo sul, dentre os territórios habitados, está situada a Arábia; e esse é o único dentre todos os territórios em que nascem o incenso, a mirra, a cássia, a canela e o ládano[299]. Todos esses produtos, à exceção da mirra, os árabes os obtêm com dificuldade. Eles recolhem o incenso para queimar o estoraque[300], os fenícios levam esse produto para os helenos, esse estoraque é queimado para que eles extraiam a resina; pois essas árvores produtoras de incensos são protegidas por serpentes aladas, são de proporções pequenas e são coloridas em suas aparências; existem muitas, em grande quantidade, em torno de cada uma dessas árvores, e são essas mesmas que avançam sobre o

---

297. Os cavalos neseus são originários da Niseia, localizada na região da Pártia, que eram conhecidos por sua força e por sua leveza nos movimentos, o que lhes conferia velocidade superior à dos demais animais dessa espécie.

298. Trata-se de mais um engano descritivo de Heródoto, que provavelmente teceu seu relato conforme alguém lhe contou, pois este fruto é o algodão, que não nasce em árvore, mas provém de uma planta, e é com ele que os indianos confeccionam suas vestimentas.

299. Uma espécie de goma aromática do Oriente de onde se extrai um óleo essencial aromático, usado especialmente em perfumes e aromatizantes.

300. Árvore que destila uma resina do mesmo nome, como feito com a extração da resina da borracha, a árvore recebe incisões e depois realiza-se a sua queima para a extração do estoraque.

Egito[301]; e não são repelidas das árvores por nenhuma outra coisa, a não ser pela fumaça do estoraque.

108. Os árabes ainda contam o que se segue: fui informado que toda a sua terra estaria repleta dessas serpentes, se não acontecesse com elas o mesmo que ocorre com as víboras. E quanto à providência divina, tal como é provável, porque é sábia, pois, quanto à vida, criou todos esses animais para serem covardes, comestíveis e muito fecundos, a fim de que não faltem para que sejam devorados como alimento, mas quanto aos animais ferozes e maléficos, criou-os com pouca fecundidade. Por um lado, porque a lebre é caçada por qualquer animal selvagem, ave e o homem, assim então ela é um animal muito fecundo; ela é a única dentre todos os animais selvagens que concebe novamente durante o curso de uma prenhez[302], enquanto uns dos seus filhotes já estão cobertos de pelos em seu ventre, outros estão desprovidos de pelos; e ainda existem uns que há pouco foram formados em seu útero, enquanto outros são paridos. Então é assim com a lebre; por outro lado, a leoa, porque é mais forte e mais

---

301. Sobre essas serpentes, Heródoto relata: "E existem serpentes sagradas em torno da região de Tebas, que de modo algum são nocivas aos homens, elas têm tamanhos pequenos e portam dois chifres nascidos no alto de suas cabeças, e depois de mortas, elas são enterradas no tempo de Zeus; pois dizem que elas são consagradas a esse deus. E existe no território da Arábia e aproximadamente onde está localizada a cidade de Buto, também fui para esse território para buscar saber a respeito das serpentes aladas. E quando cheguei lá, vi ossos e espinhas dorsais das serpentes, que são impossíveis de serem contados, existiam acúmulos dessas espinhas dorsais, tanto grandes, como menores e ainda minúsculas, e essas eram muitas. E é esse território no qual as espinhas dorsais estão esparramadas, que tem as seguintes características: existe um estreito acesso vindo das montanhas para a extensa planície, e essa planície faz fronteira com a planície do Egito. Existe um relato a respeito disso: simultaneamente ao início da primavera, a serpente alada voa da Arábia para o Egito, enquanto os pássaros íbis vêm ao encontro delas nesse estreito acesso para o seu território, e as serpentes aladas não o atravessam, ao contrário, elas as massacram.". (*Histórias*, II, 74-75). Tradução Maria Aparecida de Oliveira Silva. In: *Op. cit.*

302. Mais uma vez, Heródoto tece um relato fantástico que parece ter se transformado em um discurso corrente na Hélade, visto que Aristóteles tratou de sobre esse assunto no sentido de desmentir essa visão. Cf. Aristóteles, *Da geração animal*, IV, 5.

corajosa, pare um filhote uma única vez na sua vida; pois, quando a leoa pare, expele com o seu filhote os seus órgãos reprodutores internos[303]. E a causa disso é a seguinte: quando o filhote começa a mover-se no útero, ele já possui garras, muito mais afiadas que as de todos outros animais selvagens, e dilacera os seus órgãos reprodutores internos, e enquanto vai crescendo, em muito mais ele os arranha, porque é conforme descrevo; e quando o parto está próximo, ele deixa os seus órgãos reprodutores internos completamente sem nenhuma saúde[304].

109. Como também as víboras e as serpentes aladas da Arábia, se nascessem, conforme é a sua natureza, os seres humanos não teriam a possibilidade de viver; e agora, quando os machos estão emprenhando as suas presas, nessa mesma hora[305], o macho ejacula nela, e depois de ele ter deixado o seu esperma nela, a fêmea voa no seu pescoço e, por natureza, não se afasta dele antes de devorá-lo completamente. Então, o macho morre da maneira como foi dito, mas a fêmea recebe sua punição por ter feito isso com o macho, do seguinte modo: ele é vingado pela sua cria, porque as crias que ainda estão no ventre devoram sua mãe, e quando devoram o seu ventre, assim constroem uma saída para eles. E as outras serpentes, que não são nocivas aos homens, colocam ovos e chocam uma grande quan-

---

303. Novamente, Heródoto utiliza-se de um discurso retórico, sem compromisso com a verdade, apenas para reforçar a sua argumentação e convencer seu leitor/ouvinte de que suas conclusões são verdadeiras. Igualmente podemos interpretar tal expediente como se fosse uma narrativa trágica, em que os argumentos procuram causar comoção para que seu relato se torne mais interessante e prenda a atenção do público. Por fim, pode apenas se tratar de desinformação do nosso historiador, visto que a leoa pode parir até três filhotes de uma vez; além de isso poder acontecer todos os anos, também é impossível que a leoa solte seus órgãos reprodutores internos junto com sua cria.

304. Aristóteles considera essa interpretação completamente absurda, porque Heródoto pauta-se no pequeno número de leões em relação a outros animais selvagens, o que torna seu argumento sem qualquer fundamento. Cf. Aristóteles, *História dos animais*, 579a.

305. Outra informação equivocada de Heródoto, dado que esses seres permanecem por dias copulando incessantemente.

tidade de crias. Portanto, enquanto as outras víboras estão por toda a terra, as serpentes aladas estão agrupadas no território da Arábia e em nenhum outro; em razão disso, parece que são muitas.

110. Então, é assim que os árabes obtêm esse incenso, mas a cássia é obtida do seguinte modo: depois de eles terem coberto os seus rostos e o seu corpo todo com peles de boi e de outros animais, à exceção dos seus olhos, partem em busca da cássia; que cresce em um local não muito profundo do lago, mas em torno dele, no mesmo local em que vivem algumas espécies de animais selvagens alados, muito semelhantes aos morcegos, e que emitem um terrível grito agudo, também uma forte força de defesa; esses animais devem ser afastados dos olhos para assim colherem a cássia.

111. Mas como eles recolhem a sua canela é ainda mais admirável. Pois onde ela nasce e qual espécie de terra a tem e na qual é criada, eles não podem dizer[306], exceto por um relato verossímil que utilizam nestes territórios, no qual alguns afirmam que a canela nasce nos mesmos lugares em que Dioniso foi criado. E contam que aves grandes trazem essas folhagens secas, as quais chamamos de canela depois termos aprendido isso com os fenícios, e as aves levam-nas para os seus ninhos, moldados com argila nas montanhas escarpadas, onde nenhum homem tem acesso. Portanto, os árabes as enganam[307] com os seguintes expedientes: depois de terem cortado bois, asnos e outros animais de carga que vão morrendo em pedaços do

---

306. A expressão utilizada por Heródoto é ambígua, pois οὐκ ἔχουσι εἰπεῖν (*ouk ékhousi eipeîn*) pode ser traduzido ainda por "eles não sabem dizer" ou por "eles não têm como dizer", denotando que eles ou não sabiam de fato dizer ou que eles não tinham a capacidade ou a propriedade para dizer. Nesta última acepção, compreendemos que a obtenção de suas mercadorias era um segredo guardado pelos comerciantes, a fim de assegurarem sua exclusividade no comércio, tal como hoje conhecemos os chamados segredos industriais. Tal interpretação justifica ainda a descrição maravilhosa de como os árabes obtinham seus produtos, como incenso, a mirra, a cássia, a canela e o ládano, valiosos em todo o mediterrâneo por suas propriedades medicinais, culinárias, aromáticas etc.

307. O verbo é σοφίζεσθαι (*sophízesthai*) que significa "agir ou falar como um sofista, i. e., usar sutilezas ou meios fraudulentos". Tal verbo está relacionado com as práticas dos sofistas correntes na época de Heródoto, conhecido como professores

maior tamanho possível, eles os levam para esses territórios para colocá-los próximos dos ninhos, depois vão embora para não muito longe deles; e as aves rapidamente voam para cima dos pedaços dos animais de carga e levam-nos para os seus ninhos, que não têm capacidade para suportá-los, e rompem-se em pedaços caindo no chão, então eles avançam sobre os pedaços dos ninhos e recolhem assim a canela, que é recolhida por eles para que seja enviada para outros territórios.

112. Então, quanto ao *lédanon*, que os árabes chamam ládano[308], é ainda mais admirável o modo como eles o obtêm. Pois, embora tenha sua origem no lugar mais fétido, o seu perfume é o que exala a fragrância mais agradável; pois ele é encontrado escorrendo nas barbas dos bodes, como a resina vinda das árvores da floresta. E o ládano é útil para muitos perfumes de mirra; os árabes o queimam mais como incenso.

113. Já foi dito o suficiente sobre as especiarias aromáticas, mas o território da Arábia exala um cheiro tão divinamente agradável. E eles têm duas raças de ovelhas, que são dignas de admiração, que não existem em nenhum outro território. Uma dessas raças é diferente porque elas têm caudas muito longas, com um comprimento não inferior a três côvados[309]; se fosse permitido que os animais as arrastassem, elas teriam feridas porque suas caudas seriam friccionadas na terra; e agora qualquer um dos pastores sabe trabalhar a madeira na medida do possível para construir pequenos carros nos quais eles amarram suas caudas, e prendem uma única cauda de

---

da arte retórica que ensinavam seus alunos a argumentar sem qualquer relação com a verdade, apenas para que saíssem vencedores nos tribunais.

308. Heródoto grafa: λήδανον, τὸ καλέουσι Ἀράβιοι λάδανον (*lḗdanon, tò kaléousi Arábioi ládanon*), isto é, "lédanon, que os árabes chamam de ládano", esta última denominação é a adotada pelo nosso vernáculo. Outro dado interessante é que com essa afirmação Heródoto demonstra a diferença na grafia do dialeto iônico para o ático, pois o primeiro tem como característica a escrita dos nomes com a vogal η (eta) no lugar de α (alfa), como no ático.

309. Mais ou menos 1,5 metro de comprimento.

ovelha em um carro só. E a outra raça das ovelhas, as quais têm as caudas achatadas, com a largura aproximada de um côvado[310].

114. Quando o meio-dia declina[311], estendendo-se na direção do sol poente, existe a Etiópia que é o território nos confins dentre os que são habitados; e nesse lugar produz-se muito ouro, existem elefantes enormes e todas as espécies de árvores selvagens, também o ébano, e homens que têm os maiores portes, os mais belos e os que têm as vidas mais longas.

115. Portanto, esses são os territórios nos confins da Ásia e da Líbia. E a respeito dos territórios nos confins da Europa voltados para a direção ocidental, não posso relatar com exatidão; pois eu mesmo não aceito que exista um rio chamado pelos bárbaros de Erídano[312] que deságua no mar em direção ao vento norte; existe um discurso sobre o âmbar vir deste lugar, nem sei se existem as Ilhas Cassitérides[313], das quais provêm o nosso estanho. Por um lado, o próprio nome Erídano acusa que é helênico e não bárbaro, que teria sido concebido por um poeta[314]; por outro lado, não

---

310. Cerca de 45 centímetros.

311. Heródoto refere-se ao sol que sai do meio do céu, deixando o clima menos escaldante. Sobre o calor ardente do sol ao meio-dia, consultar o capítulo 104 deste *Livro III.*

312. Rio localizado no Oeste da Europa que desemboca em um mar ao Norte da Europa. Embora o rio exista de fato e seja conhecido como a rota do âmbar, Heródoto descrê deste relato porque o nome Ἠριδανός (*Eridanós*) é de origem helênica, também porque é o nome de um rio mítico – trata-se de um dos cinco rios que cortam o Hades.

313. O nome Κασσιτερίδας (*Kassiterídas*) deriva do substantivo κασσίτερος (*kassíteros*) que significa "estanho", daí essas ilhas serem conhecidas como Ilhas de Estanho. Alguns estudiosos associam essas ilhas ao norte das Ilhas da Britânia, ou da Península Ibérica. No entanto, as Ilhas Cassitéridas são vistas como um arquipélago mítico.

314. Trata-se de Hesíodo, poeta do século VII a.C., que cantou: "Tétis gerou de Oceano os rios rodopiantes:/ Nilo, Alfeu, Erídano de rodopios profundos". (*Teogonia*, 337-338). Tradução Jaa Torrano. In: Hesíodo. *Teogonia: a origem dos deuses*. Estudo e tradução Jaa Torrano. 3. ed. São Paulo: Iluminuras, 1995.

consegui ouvir algo de uma testemunha que fosse ocular, embora tenha me empenhado nisso, se esse o mar está nos confins da Europa. Portanto, o nosso âmbar e o nosso estanho provêm dos territórios localizados nos confins.

116. Além disso, parece que existe muito ouro no norte da Europa[315]. Como ele se origina, eu não posso dizer isso com exatidão, mas diz-se que ele é pilhado pelos homens de narizes aduncos, os arimaspos, homens que tinham um olho só; mas não estou convencido disso, como homens nascem com um olho só, mas têm o restante da sua constituição física semelhante às dos outros homens. Portanto, parece verossímil que os territórios situados nos confins, que circundam o restante do seu território e encerram-na no seu interior, parece-nos que são os mesmos que têm as coisas mais belas e as mais raras.

117. E existe uma planície na Ásia que é cercada por uma cadeia de montanhas por todos os lados, e nessa cadeia de montanhas existem cinco precipícios; e essa planície foi outrora dos corásmios, porque já estavam habitando nessas montanhas os próprios corásmios, os hircânios, os partos, os sarangas e os tamaneus; mas isso foi depois que os persas obtiveram o poder, que é exclusivo do seu rei. A partir dessa cadeia de montanhas que circunda seu território, corre um grande rio, cujo nome é Aces[316]. Antes, esse rio era dividido em cinco braços e irrigava os territórios das regiões já citadas, correndo através de cada um dos precipícios. E depois

---

315. Heródoto considera parte da Ásia como Europa, mais ou menos o que hoje denominamos Euroásia, pois sobre este território registrou o seguinte: "Pois utilizam bronze em todas as pontas das suas lanças, nas suas flechas e nos seus machados de dois gumes, também adornam com ouro em torno de suas cabeças, seus cintos e seus cinturões que passam sobre os ombros. Como, de diversas formas, envolvem os peitorais de seus cavalos com armaduras de bronze, por outro lado, as rédeas, os freios e os revestimentos dos cavalos eram em ouro, não utilizavam nenhuma peça de prata nem de ferro. Pois eles não os têm em seu território, mas eles têm o ouro e o bronze em abundância.". (*Histórias*, I, 215). Tradução Maria Aparecida de Oliveira Silva. In: *Op. cit.*

316. Rio localizado na Ásia, situado na região da Hircânia.

que o território passou a ser dos persas, aconteceu o seguinte: o rei realizou construções pelos precipícios das montanhas, e colocou muros em cada um dos precipícios, interceptando a passagem da água, e a planície interna das montanhas torna-se um mar, quando o rio entra nela, não pode de forma alguma sair dela. Portanto, os habitantes da região que antes estavam habituados a usar essa água, porque não podem utilizá-la mais, vivenciavam uma grande miséria; pois, durante o inverno, se o deus[317] fizesse chover para eles, tal como para os outros homens; mas, durante o verão, eles necessitam da água para semear o painço[318] e o sésamo. Portanto, quando não lhes concedem nenhuma água, eles e suas mulheres vão para o território dos persas, posicionam-se diante das portas do palácio do rei e lamentam-se com altos gritos, e o rei ordena que se abram as portas dos precipícios aos mais necessitados para que a água corra em seu território; e quando a sua terra fica cheia de água, essas portas são fechadas, mas ele ordena abri-las para os outros mais necessitados dentre os restantes povos. Eu sei por que ouvi dizer que o rei cobra uma grande quantia para que se faça abrir as portas, além do tributo[319]. Então, isso é assim que acontece.

---

317. Provavelmente trata-se de Zeus, visto que o imaginário divino de Heródoto gira em torno dos deuses da Hélade, a quem na verdade ele atribui origem egípcia. A chuva está relacionada ao filho de Crono porque Zeus é o senhor dos raios, dos trovões e das chuvas.

318. Segundo Houaiss, o painço é "planta anual de até 1 m (*Panicum miliaceum*), da fam. das gramíneas, com a bainha das folhas cobertas por pelos longos, e espiguetas oblongas, em panículas alongadas, prov. domesticada no centro da Ásia, e já cultivada na Europa e no Mediterrâneo, há 5.000 anos, esp. como forrageira e para produção de farinha e bebidas alcoólicas", também conhecido como milho da Itália.

319. Como exposto no *Livro II* e em parte deste *Livro III*, os reis faziam intervenções em seus territórios com a construção de ilhas, canais, aquedutos, túneis, comportas etc., através dos quais detinham o controle das passagens fluviais e das estradas, da água distribuída nas regiões, entre outros. Em razão disso, os reis transformavam tais construções em importante fonte de renda para o seu governo.

118. Mas Intafernes, um dos sete homens que se revoltaram contra o mago[320], morreu imediatamente após a revolta[321], depois de ter cometido os atos de violência que se seguem. Ele queria entrar no palácio para entabular negociações de seu interesse com o rei; de fato, além disso, a lei era assim, ele permitia aos revoltosos contra o mago que entrassem para ir à presença do rei, sem a necessidade de um mensageiro, a não ser que o rei estivesse tendo relações sexuais com sua mulher. Portanto, Intafernes julgou que não seria justo que ninguém o anunciasse, mas, porque era um dos sete, ele queria entrar. Mas o guardião da porta e o mensageiro não permitiram sua entrada, disseram-lhe que o rei estava tendo relações sexuais com sua mulher. E Intafernes, porque pensava que eles estavam mentindo, agiu do seguinte modo: após ter sacado a sua espada, ele cortou suas orelhas e seus narizes, depois pendurou-os nas rédeas do seu cavalo, atou-os em torno dos seus pescoços e partiu.

119. E mostraram ao rei como eles próprios ficaram, contaram-lhe o motivo e porque haviam sofrido aquilo. E Dario, receando que os seis tivessem um discurso consensual, mandou buscá-los para tentar conhecer qual a opinião de cada um deles, se estavam em consenso com o que havia sido feito. E depois de Dario ter compreendido que aqueles atos não haviam sido feitos com a anuência

---

320. Trata-se do mago Esmérdis, irmão de Patizites, que eram conhecidos como os dois magos. Este outro mago Patizites tramou apossar-se do trono, pois seu irmão Esmérdis tinha o mesmo nome do irmão do rei Cambises, além de uma semelhança física com ele. Heródoto assim descreve a trama: "E, quando Cambises, filho de Ciro, passava o seu tempo no Egito e se mostrava fora de si, dois irmãos, homens que eram magos, organizaram uma revolta contra ele, Cambises deixou um deles na Pérsia para ser o seu supervisor dos assuntos palacianos. Portanto, esse revoltoso sabia, de fato, sobre a morte de Esmérdis que havia sido ocultada pelo rei, e que eram poucos os persas que sabiam disso, e que a maioria imaginava que ele estivesse vivo. Diante disso, depois de esse mago ter deliberado sobre esses acontecimentos, ele tomou posse dos poderes régios" (*Histórias*, III, 61). Para mais detalhes sobre esse episódio, consultar os capítulos 61 e seguintes deste *Livro III*.

321. Após concluir a sua extensa digressão sobre os tributos e as características dos territórios que estavam sob o domínio dos persas, Heródoto retoma seu relato sobre a revolta contra os sete magos, em especial o exposto nos capítulos 70 e 78 deste *Livro III*.

daqueles ele capturou o próprio Intafernes, os seus filhos e todos os seus familiares[322], com muito temor de que ele havia decidido revoltar-se contra ele, em companhia dos seus parentes; depois de eles terem sido capturados, Dario os aprisionou e condenou-os à morte. Mas a mulher de Intafernes costumava ir até as portas do palácio real e lá chorava e lamentava-se; porque ela sempre fazia o mesmo, Dario sentiu piedade dela, e enviou-lhe um mensageiro para dizer-lhe as seguintes palavras: "– Mulher, o rei Dario concede-te salvar um único dentre todos os seus familiares aprisionados, aquele que quiseres.". E depois de ela ter refletido sobre a proposta do rei, respondeu: "– Então, se o rei concedeu-me salvar uma única vida, escolho dentre todos o meu irmão."[323]. E quando Dario foi informado disso, ele ficou admirado com a resposta e reenviou o seu mensageiro para que lhe anunciasse o seguinte: "– Mulher, o rei pergunta-te qual foi o teu pensamento para que escolhesse teu

---

322. Heródoto grafa τοὺς οἰκηίους (*toùs oikēíous*), acusativo masculino plural de οἰκηίος – no dialeto iônico – que significa "da casa", "doméstico" ou "familiar". Optamos por "familiares" porque Heródoto grafa logo adiante μετὰ τῶν συγγενέων (*metà tōn syngenéōn*) "com os seus parentes", no genitivo masculino plural de συγγενής (*syngenḗs*) "da mesma origem", "da mesma família" ou "parente". De qualquer forma, o historiador deixa claro que Dario capturou todos os membros do sexo masculino que compunham a família de Intafernes, todos que habitavam em sua casa.

323. Plutarco de Queroneia escreveu um tratado intitulado *Do amor aos irmãos*, no qual registra o seguinte pensamento: "Todavia, a natureza estabeleceu não distante o exemplo da utilidade dos irmãos, mas, no mesmo corpo, a maioria das necessidades é dupla, análoga e semelhantemente provocada, quanto às mãos, aos pés, aos olhos, aos ouvidos e aos narizes. Ela ensinou que isso há pela salvação e cooperação comum, não pela separação e luta, assim estabeleceu. As próprias mãos, divididas em muitos e desiguais dedos, mostram-se as mais ajustadas e engenhosas de todos os órgãos, de modo a Anaxágoras, o antigo, colocava a causa da sabedoria e da compreensão humana nas mãos. Mas o contrário a isso parece ser verdadeiro; pois não é porque o homem tem mãos que é o mais sábio, mas porque é lógico e engenhoso por natureza, acontece o mesmo com tais órgãos por natureza. Isso é evidente em tudo, porque de um esperma e de um útero a natureza transforma em dois, três ou mais irmãos, não por separação e oposição, mas separados para que cooperem mais uns com os outros." (478D-E). Tradução Maria Aparecida de Oliveira Silva. Este título ainda é inédito em língua portuguesa, mas será publicado oportunamente na *Coleção Plutarco* da Edipro.

irmão para sobreviver, abandonando teus filhos e teu marido, que também é mais afastado de ti que teus filhos e que é menos querido que o teu marido.". E ela em resposta respondeu o seguinte: "– Ó rei, o meu marido poderia ser outro, se a divindade o quisesse, também outros os meus filhos, se eu os perdesse; mas se tanto meu pai quanto a minha mãe não mais viverem, de modo algum poderia ter outro irmão. Porque utilizei esse pensamento, eu disse aquelas palavras.".[324] Então, Dario julgou que a mulher argumentou bem e enviou-lhe quem ela havia solicitado e também o seu filho mais velho, porque ficou satisfeito com ela. E um dos sete morreu imediatamente após a revolta, da maneira como eu já havia dito.

120. E mais ou menos quando Cambises ficou doente, ocorreram os seguintes acontecimentos: Oretes[325], um homem persa, foi designado por Dario para ser o governador[326] de Sárdis. Esse homem tinha o desejo de cometer uma ação impiedosa; pois embora não tivesse sofrido nada reprovável, nem ouvido qualquer palavra tola vinda de Polícrates de Samos, nem ao menos o visto antes, ele tinha o desejo de capturá-lo e de matá-lo, como a maioria das pessoas relata, por causa do motivo que se segue. Quando Oretes estava

---

324. O tragediógrafo ateniense Sófocles, amigo de Heródoto, provavelmente inspirou-se neste relato herodotiano para compor uma fala de Antígona, na peça homônima, na qual sua personagem afirma que: "– E, contudo, eu soube bem honrar-te, aos olhos dos/ que pensam bem. Pois nem que eu fosse uma mãe com/ filhos, nem que tivesse um marido que apodrecesse morto, eu teria empreendido estes trabalhos contra o/ poder da cidade. Mas em atenção a que princípio é que eu/ digo isto? Se me morresse o esposo, outro haveria, e teria/ um filho de outro homem, se houvesse perdido um. Mas/ estando pai e mãe ocultos no Hades, não poderá germi-/ nar outro irmão. Por eu ter preferido honrar-te, devido a este princípio, é que eu apareci aos olhos de Creonte (*Antígona*, 904-915). Tradução Maria Helena da Rocha Pereira. In: Sófocles. *Antígona*. Introdução, versão do grego e notas Maria Helena da Rocha Pereira. 8. ed. Lisboa: Fundação Calouste Gulbenkian, 2008.

325. Nomeado por Dario para ser o sátrapa de Sárdis. O sátrapa era o governador de uma província.

326. Embora o posto de Oretes seja o de sátrapa, Heródoto utiliza o termo ὕπαρχος (*hýparkhos*) que significa literalmente "submisso a"; "dependente de"; ou ainda "subalterno que comanda sob as ordens de outrem ou no lugar de um outro", daí em termos políticos significar "governador".

em pé diante das portas do palácio real e outro persa, cujo nome é Mitrobates[327], governador de uma província da Dascilio[328], aconteceu de eles caírem em desavença durante seus argumentos; porque disputando sobre suas virtudes, Mitrobates, atacando Oretes, disse: "– Pois tu estás em teoria entre homens virtuosos, porque a ilha de Samos está situada perto da tua província[329] e não a acrescentaste para o rei, e a ilha é tão fácil de ser dominada, que um dos seus habitantes locais organizou uma revolta com quinze hoplitas[330] e agora

---

327. Não dispomos de mais informações sobre esta personagem, mas Heródoto retomará sua história a partir do capítulo 126 deste *Livro III*.

328. Capital da Helespôntida, a terceira província persa, situada no seu litoral, conforme relata Heródoto no capítulo 90 deste *Livro III*.

329. De fato, a província Helespôntica estava separada ilha de Samos apenas pelo promontório de Mícale.

330. Os hoplitas surgem por volta do século VIII a.C. em um momento de expansão territorial helena no qual os helenos iniciam a fundação de suas primeiras colônias e o domínio de territórios vizinhos. Um movimento que abrange as grandes cidades helenas, em particular, Atenas, Esparta e Corinto, mas será a cidade lacedemônia que atingirá maior notoriedade no uso dessa nova formação militar. Inicialmente, os hoplitas compunham um braço do exército formado apenas por cidadãos fortemente armados, que utilizavam elmos, escudos, couraças, grevas ou cnêmides, lanças e espadas, constituindo as chamadas falanges. A eficiência do combate hoplítico consistia na compactação das suas falanges formadas por oito fileiras desenhando um retângulo. Dentre elas, somente as cinco primeiras atuavam diretamente no combate e as demais formavam um corpo reserva. Durante esse combate, os soldados utilizavam seus escudos para proteger o lado esquerdo de seus companheiros enquanto guerreavam com suas lanças pelo lado direito, o que não permitia a passagem nem o avanço do inimigo, forçando-o a recuar diante dessa muralha humana. Plutarco registra que o combate hoplítico era grandioso e assustador, pois não havia espaço para a passagem dos inimigos entre as falanges, que marchavam ao som cadenciado das flautas (*Vida de Licurgo,* XXII, 4). A partir desse relato plutarquiano e dos fragmentos 10 W, 11 W e 12 W de Tirteu, pode-se imaginar que os inimigos eram massacrados com violência por esses blocos ordenados de soldados fortemente armados e treinados, pois, mesmo havendo baixas nas fileiras dianteiras, os mortos eram rapidamente substituídos pelos hoplitas posicionados atrás, manobra que mantinha sua unidade e sua capacidade de avançar no território inimigo, mesmo com a morte contínua de seus soldados. Outro aspecto importante dessa nova formação militar é a introdução de soldados oriundos das classes mais populares, uma

é o tirano dela.".[331] Então, uns dizem que, depois de ele ter ouvido isso, Oretes sofreu por causa dessa injúria, mas não teve tanto desejo de vingar-se de quem havia dito aquelas palavras quanto de destruir Polícrates completamente, por causa de ter ouvido Mitrobates falar mal dele.

121. Outros, embora sejam a minoria, dizem que Oretes enviou um arauto a Samos para solicitar alguma coisa (pois não sei dizer, portanto, o que foi), e por acaso Polícrates estava reclinado no recinto dos homens, e estava ao lado de Anacreonte[332] de Téos[333]; e de algum modo, quer ele tenha deliberadamente feito pouco caso dos assuntos de Oretes, quer isso tenha acontecido por acaso; quando o arauto de Oretes apresentou-se para conversar com Polícrates (pois por caso ele estava voltado para a parede) nem se virou um pouco para ele nem sequer lhe respondeu.

122. Então, esses foram os dois motivos que eles contam para que acontecesse a morte de Polícrates, e quem quiser pode acreditar em qualquer um dos dois motivos. Portanto, Oretes, que estava estabelecido em Magnésia[334], que estava situado às margens do rio Meandro[335],

---

vez que havia a necessidade de um número maior de homens para a composição das falanges. A aristocracia guerreira representada pelos cavaleiros era obrigada a dividir o campo de batalha com cidadãos do campo, ao mesmo tempo em que viam o crescimento dessa participação na proteção da cidade e na conquista de novos territórios.

331. A afirmação de Heródoto parece inexata, visto que Polícrates de Samos era o herdeiro da tirania exercida pelo seu pai Éace.

332. Poeta lírico, 563-478 a.C., que se mudou para Abdera em 440 a.C. Foi convidado pelo tirano de Samos, pai de Polícrates, para integrar o seu palácio, em 420 a.C. Depois da morte do tirano, tornou-se conselheiro de seu filho Polícrates, e quando este foi deposto em 420 a.C., Anacreonte foi para Atenas com o auxílio do então tirano Hiparco, onde este era conhecido por ser anfitrião de grandes banquetes.

333. Cidade litorânea da Iônia, localizada no Mar Egeu na costa da Ásia Menor.

334. Território localizado na região da Tessália, Bolos é a capital da antiga Magnésia.

335. Rio localizado na Ásia Menor.

enviou Mirso[336], um homem lídio, filho de Giges[337], a Samos para levar uma mensagem, porque conhecia o projeto de Polícrates. Pois Polícrates foi o primeiro, pelo que soubemos[338], dentre os helenos que pretendeu ser o senhor do mar[339], à exceção de Minos[340] de Cnosso[341] e se algum outro antes dele foi o comandante do mar; e quando se conta sobre a origem do poder humano neste mar[342], Polícrates foi o primeiro que tinha muitas esperanças de governar das ilhas e da Iônia. Portanto, porque conhecia essas pretensões nutridas por Polícrates, Oretes enviou-lhe uma mensagem que dizia

---

336. Último rei da dinastia dos Heráclidas, século VIII a.C.

337. Filho de Dáscilo, Giges foi rei da Lídia, o primeiro da dinastia dos Mérmnadas, provavelmente entre 644 a 680 a.C. Sobre a forma como ascendeu ao trono da Lídia, consultar o *Livro I*, a partir do capítulo 8.

338. Tucídides apresenta outra versão. O historiador ateniense afirma que: "Minos foi, dentre os homens que conhecemos pela tradição, o que mais cedo adquiriu uma frota e dominou a maior extensão do mar que hoje se chama Helênico; exerceu a hegemonia sobre as ilhas Cícladas e foi quem primeiro instalou a maioria das colônias, depois de expulsar os cários e de entregar a chefia para os seus filhos. E quanto à pirataria, como era natural, ele procurava na medida de suas forças eliminá-la do mar para aumentar seus lucros." (*História da Guerra do Peloponeso*, I, IV). Tradução Anna Lia Amaral de Almeida Prado. In: Tucídides, *História da Guerra do Peloponeso*, Livro I. Tradução e apresentação Anna Lia Amaral de Almeida Prado. Texto grego estabelecido por Jacqueline de Romilly. São Paulo: Martins Fontes, 2008.

339. Heródoto refere-se ao Mar Egeu e ao sistema de governo chamado Talassocracia, que significa o governo do mar. O primeiro povo a estabelecer esse tipo de comando foi o minoico, seguido pelo fenício, cujo conceito iniciou-se no período arcaico, com o rei Minos, e permaneceu até o período clássico, com as aspirações de tomada do Mar Egeu por Temístocles, Címon e Péricles, todos políticos de Atenas.

340. Filho de Zeus e de Europa, rei de Creta, que viveu três gerações antes da guerra de Troia, criado pelo rei de Creta Astérion. Relatos míticos dão conta de vários envolvimentos amorosos e até mesmo a primazia da prática pederasta entre os helenos, com o relato de que teria sido o rei o raptor do jovem e belo Ganimedes, em vez de Zeus.

341. Cidade localizada em Creta, a maior ilha do Mar Egeu.

342. Com essa afirmação, Heródoto revela a separação entre o poder divino e o poder humano no Mar Egeu, apresentando uma versão que ele entende como histórica, não mítica.

o seguinte: "Oretes a Polícrates diz assim: por ter sido informado de que tu desejas empreender grandes negócios, mas que não tens bens valiosos para realizares tuas pretensões. Então, se tu agires do seguinte modo, tu próprio serás bem-sucedido, e ainda me salvarás; pois o rei Cambises planeja secretamente a minha morte, alguém claramente informou-me sobre isso. Portanto, depois de tu me levares junto com minhas riquezas, uma parte delas tem contigo, e permita que eu tenha a outra parte; e por causa dessas riquezas, governarás toda a Hélade. E se não confias em mim com relação às minhas riquezas, envia alguém que te seja o mais confiável, que eu próprio lhe mostrarei o que tenho.".

123. Depois de ter ouvido essas palavras, Polícrates alegrou-se e concordou com o proposto; pois também desejava fortemente obter riquezas, e em primeiro lugar, enviou Meândrio, filho de Meândrio[343], um homem do seu corpo de cidadãos, que era seu secretário, para que observasse sua riqueza; quem havia, não muito tempo antes, dedicado ao Heraion[344] todo o ornamento mais valioso dos recintos dos homens no palácio de Polícrates. E Oretes, quando soube que um observador estava sendo esperado, ele fez tal coisa: depois de ter enchido oito cofres com pedras, à exceção de um espaço muito pequeno em torno de suas beiradas

343. Personagens citadas somente por Heródoto, sobre as quais não dispomos de outras informações além das fornecidas pelo historiador.

344. Nome dado ao templo dedicado à deusa Hera, que era filha de Crono e Reia, irmã e esposa de Zeus, é a principal deusa do Olimpo. A principal característica de Hera retratada na literatura é a sua indignação frente às infidelidades de seu companheiro, não poupando esforços para perseguir os amantes de Zeus e os frutos dessas uniões ilegítimas. A deusa era considerada a protetora da cidade de Argos; segundo Pausânias, Hera foi homenageada por Policleto de Argos, 460-410 a.C., com a construção de uma estátua colossal em que a deusa estava sentada em um trono e coberta de ouro e marfim, com uma coroa em que havia a representação das Cárites e das Horas, e ainda trazia na mão esquerda uma romã e o seu cetro na direita; sobre o cetro havia um cuco, que Pausânias afirma que era o símbolo do amor de Zeus e Hera. Tal obra tornou-se uma referência para as futuras representações da deusa. Cf. Pausânias, *Descrição da Grécia*, II, 17.3-4.

e colocou ouro em cima do monte de pedras[345], após ter amarrado os cofres[346], Oretes estava com eles prontos para receber o observador. E quando Meândrio chegou e observou os cofres, ele relatou a Polícrates o que tinha visto.

124. Embora muitas vezes os seus adivinhos o tenham proibido e muitas vezes os seus amigos o tenham desaconselhado de ir até lá; além disso, a sua filha ainda teve uma visão em sonho, que foi a seguinte: parecia que seu pai estava no ar etéreo, sendo lavado por Zeus, e sendo ungido pelo sol. Porque ela havia tido essa visão[347], fez

---

345. Este ardil parece ter sido uma constante na história dos antigos; outro episódio célebre pelo uso de tal ardil é relatado por Cornélio Nepos, biógrafo romano, século I a.C., que assim o descreve: "Depois de Antíoco ter fugido, por temer ser entregue aos romanos, o que havia acontecido se ele estivesse onde pudessem capturá-lo, ele partiu junto com os gortínios para Creta, para decidir onde iria. Percebeu, como o homem mais astuto de todos, o grande risco que corria e que se não tomasse alguma precaução contra a avareza dos cretenses, visto que levava consigo uma grande quantia em dinheiro e ele sabia que todos sabiam. Então, tomou a seguinte decisão: encheu cântaros com chumbo, cobrindo-os com prata e ouro, e os colocou diante da vista dos chefes no templo de Diana, fingindo que confiava em sua fidelidade. Dessa forma, ele os enganou, pois havia enchido todas as estátuas de bronze que levava consigo com o seu dinheiro e as distribuiu no pátio de sua casa. Enquanto os gortínios vigiavam o templo com muita atenção dos outros e mais ainda do próprio Aníbal, para que não retirasse nada dali sem que eles o soubessem." (*Aníbal*, IX). Tradução Maria Aparecida de Oliveira Silva.

346. Trata-se de um costume característico dos antigos helenos, já descrito por Homero, *Odisseia*, VIII, 447.

347. Neste momento percebemos que Heródoto inicia seu relato sobre a mudança da sorte de Polícrates, que demonstrara do capítulo 40 em diante deste *Livro III*. A prosperidade de Polícrates foi o que provocou a rivalidade do sátrapa Oretes, que o atacou e o destituiu do seu poder. O revés sofrido por Polícrates foi motivo de máximas morais que assinalavam a questão do quanto a vida é incerta, que ora podemos estar no auge, ora no mais total declínio, pois o tirano conheceu uma vida próspera e teve um fim trágico. É interessante que o mito do tirano mostra que Polícrates tinha consciência de sua elevada boa sorte, como veremos a seguir: certo dia o rei atirou o seu próprio sinete ao mar, após um conselho recebido, em uma tentativa de diminuir sua riqueza e poder; mas um pescador o presenteou com um peixe que o havia engolido; assim, uma divindade o trouxe de volta. A história de Polícrates nos remete ao encontro de Creso com Sólon relatado por Heródoto no

de tudo para que Polícrates não fosse encontrar-se com Oretes, além disso, quando ele estava indo para a sua nau de cinquenta remos, ela expressava-lhe funestos pressentimentos[348]; e ele ameaçou-a, se ele não retornasse a salvo, ela permaneceria virgem por muito tempo; mas ela fez uma prece aos deuses para que essas ameaças se tornassem realidade; pois ela preferia permanecer virgem por muito tempo a ser privada do seu pai[349].

125. E Polícrates não levou em conta todas as advertências, e navegou para encontrar-se com Oretes, levando consigo outros muitos de seus companheiros; dentre eles estava então Democedes[350], filho de Califonte[351], um homem de Crotona[352] que era médico e que era o que melhor praticava a sua arte dentre os profissionais do seu

---

Livro I, capítulos 30 a 33, no qual o autor destaca o pensamento soloniano sobre a relatividade da felicidade em vida.

348. Conforme a tradição dos antigos helenos, a partir do momento em que palavras de mau augúrio fossem proferidas antes de uma jornada, o partícipe dela estava descoberto de qualquer proteção divina.

349. Nesta passagem, ressaltamos a preocupação de ambos com o casamento, pois o pai usa essa necessidade para ameaçar a filha de que ela não se casará tão cedo, enquanto a filha demonstra preocupação com o fato de o pai não retornar, visto que ele é o responsável pelo arranjo da união de sua filha. No caso de Polícrates não voltar, a filha ficaria sem pai e entregue à própria sorte, à mercê de seus parentes secundários como os tios, que não teriam o mesmo interesse em realizar um bom casamento para ela. Além disso, a filha não herda a tirania, e não temos notícia de seu filho, o que nos leva a concluir que o marido de sua filha seria o herdeiro de sua tirania.

350. Médico, século VI a.C., famoso pelas suas habilidades cirúrgicas em sua cidade natal Crotona. Como Heródoto narra do capítulo 129 ao 137 deste *Livro III*, Democedes, depois da desastrosa viagem à cidade de Magnésia, foi capturado pelos persas e levado para praticar a medicina no palácio de Dario. No entanto, o médico teve vontade de voltar para seu lar e sugeriu ao rei que lhe enviasse como espião persa para o sul da Itália, proposta que foi aceita por Dario.

351. Não dispomos de mais informações sobre esta personagem.

352. Cidade localizada no sul da Itália, famosa por sua Escola de Medicina, de onde saíram médicos ilustres como Alcméon de Crotona, considerado o avô da Medicina.

tempo. Quando Polícrates chegou em Magnésia, foi assassinado do pior modo, que não foi nada digno dele nem das suas grandes aspirações; porque, a não ser os que são tiranos[353] de Siracusa[354], nenhum dos tiranos helênicos é digno de ser comparado a Polícrates quanto à sua magnificência[355]. Depois de tê-lo assassinado de um modo nada digno de ser narrado[356], Oretes crucificou-o; e quan-

---

353. Heródoto refere-se aos dois mais famosos tiranos de Siracusa, Gélon e Híeron. Filho de Dinômenes, Gélon, tirano da Sicília em 491 a 478 a.C., descendia de uma família de sacerdotes hereditários de Gela, uma cidade situada na região sul da Sicília. Gélon foi designado para ser o comandante da cavalaria siracusana, constituindo-se em peça fundamental para a defesa pessoal do tirano anterior de Gela Hipócrates, de quem ocupou o poder após a sua morte em 491 a.C. Em seguida, casou-se com a filha de Téron, o tirano de Acragante. Em 485 a.C., houve uma guerra intestina entre os habitantes da Sicília, que Gélon venceu, tornando-se também tirano de Siracusa. O tirano ficou famoso ainda por ter expulsado as forças militares do general cartaginês Aníbal, lideradas por Amílcar, na sua famosa Batalha de Hímera, às margens do rio do mesmo nome, em 480 a.C. Já Híeron, irmão de Gélon, era o segundo filho de Dinômenes. Híeron tornou-se tirano de Siracusa após a morte de seu irmão em 478 a.C., permanecendo no posto até 466 a.C. Foi conhecido por vencer diversas batalhas contra os etruscos e outros vizinhos e por fundar várias colônias. No entanto, a fama de Híeron perpetuou-se pelo seu gosto pelas artes em geral, tendo em seu entorno poetas líricos, como Píndaro e Baquílides, que lhe dedicaram odes pelas suas vitórias em Olímpia, nos chamados Jogos Olímpicos. Também Ésquilo e Epicarmo foram recebidos em seu palácio. Além das citadas odes, temos um diálogo escrito por Xenofonte intitulado *Híeron*.

354. Ilha de colonização helena, situada ao sul da Península Itálica, na ilha da Sicília.

355. Embora os tiranos de Siracusa tenham se tornado famosos por seus feitos militares e suas iniciativas nos campos das artes e das disputas nos Jogos Olímpicos, Heródoto considera Polícrates de Samos melhor por suas construções e oferendas religiosas, sendo que a mais famosa delas é o templo dedicado à deusa Hera, conhecido como Heraion. A beleza deste templo chamou atenção até mesmo dos romanos, quando da dominação de Roma sobre a Hélade, quando ela passa a ser chamada de Grécia; um exemplo disso é que o imperador romano Calígula, 12-41 d.C., empreendeu a reforma deste suntuoso templo.

356. Interessante notar que Heródoto parece manter a tradição dos trágicos da Atenas de sua época que não encenavam cenas violentas, nem apresentavam ferimentos ou personagens sangrando, nem morrendo, para não causar horror e repulsa em seu público. No teatro, as cenas eram apenas relatadas por meio de seus textos, sem muitos detalhes, sem que fossem encenadas. Portanto, se Heródoto

tos fossem os sâmios que o estavam acompanhando, ele ordenou que eles conhecessem a sua graça e deixou-os livres, mas quantos fossem estrangeiros e escravos que o acompanhavam, ordenou que fossem reduzidos à escravidão. E Polícrates, suspenso na cruz, cumpriu tudo o que havia na visão de sua filha; pois ele era lavado por Zeus, porque chovia[357], e ungido pelo sol, que retirava do seu corpo os seus humores. Então, Polícrates, depois dos muitos sucessos que teve, terminou os seus dias do modo como Amásis, o rei do Egito, havia lhe profetizado[358].

126. Mas, não muito tempo depois, as forças vingadoras[359] de Polícrates perseguiram Oretes. Pois depois da morte de Cambises e o reinado dos magos, Oretes permaneceu em Sárdis, mas não foi nada útil aos persas que tinham tido seu poder aniquilado pelos medos; enquanto havia essa turbulência, ele assassinou Mitrobates, o governador de Dascilio, que o havia censurado por ações em relação a Polícrates, do mesmo modo Cranaspes[360], filho de Mitrobates, homens notáveis entre os persas, mas que cometeu todos os tipos de violência, como quando um mensageiro de Dario veio à sua presença, porque as palavras anunciadas em sua mensagem não lhe foram de modo algum agradáveis, assassinou-o em seu retorno junto com os homens que o acompanhavam, colocou os

---

descrevesse a cena da morte de Polícrates, para uma cultura oral como a helena (lembrando que seu texto era lido em público), seria como se encenasse o horror deste episódio.

357. A chuva era um atributo de Zeus, que também era o senhor dos raios, dos trovões, entre outros atributos.

358. Sobre o referido episódio, consultar os capítulos 40 a 43 deste *Livro III.*

359. Heródoto grafa, em dialeto iônico, τίσιες (*tísies*) nominativo feminino plural de τίσις que significa "pagamento", "castigo" ou "vingança". O mesmo nominativo plural se acompanhado do pronome e em letra maiúscula remete-nos às divindades vingadoras, daí traduzimos por "forças vingadoras", principalmente porque Heródoto as coloca como o sujeito da frase, ou seja, o agente da ação. Αἱ Τίσεις (*Hai Tíseis*), ou Fúrias, são associadas às Erínias, representadas por Alecto, Tisífone e Megera, cuja função principal é a vingança de um crime.

360. Não dispomos de mais informações sobre esta personagem.

homens em emboscada no caminho, e depois de tê-los assassinado, escondeu o mensageiro com o seu cavalo[361].

127. Dario, quando obteve o poder, teve o desejo de vingar-se de Oretes por todas as ações injustas que havia cometido, sobretudo por causa de Mitrobates e seu filho. Dario então julgou que não seria bom enviar declaradamente o seu exército contra ele, porque os tumultuosos acontecimentos ainda eram perceptíveis, porque ele havia recém obtido o poder, também porque foi informado de que o exército de Oretes era grande e poderoso, enquanto ele próprio contava com uma guarda pessoal de mil lanceiros e dominava as províncias frígia, lídia e iônica. Portanto, diante disso, Dario tramou as coisas que se seguem. Depois de ter reunido os mais notáveis dentre os persas, disse-lhes o seguinte: "- Persas, quem dentre vós executaria o que fosse proposto por mim, com sabedoria, não com violência e com uma numerosa tropa? Pois, nesse momento, é necessário ter sabedoria, e que não haja nenhuma ação violenta. Então, quem dentre vós ou assassinaria Oretes, ou o traria vivo para mim? Porque ele não teve utilidade alguma para os persas, mas fez-lhes muitos males; ele assassinou dois de nossos cidadãos, Mitrobates e seu filho, e ainda matou os que foram enviados por mim para convocá-lo a retornar à minha presença, demonstrando uma insolência que não é tolerável. Portanto, antes que faça algum mal aos persas, nós devemos impedi-lo com a sua morte.".

128. Dario proferia esses questionamentos, enquanto trinta homens prontificavam-se a atendê-lo, cada um deles querendo executar tal ação. Enquanto eles estavam discutindo sobre quem a executaria, Dario interrompeu-os ordenando que realizassem um sorteio; depois de terem feito o sorteio dentre todos, Bageo, filho de Artontes[362], obteve por sorte essa missão. Após ter sido sorteado, Bageo fez o seguinte: depois de ter escrito muitas cartas que tratavam

---

361. Heródoto afirma que se tratava de um ἀγγεληφόρον (*angeliēphóron*), ou seja, um mensageiro montado a cavalo.

362. Personagens sobre as quais não dispomos de mais informações.

de muitos assuntos, lacrou-as com o sinete de Dario[363], depois partiu com elas para Sárdis. Ao chegar, Bageo foi à presença de Oretes com as cartas, depois de ter retirado o lacre de cada uma delas, entregou ao escriba do rei para que as lesse (todos os governadores têm os seus escribas reais[364]); colocando à prova os lanceiros da guarda pessoal de Oretes, Bageo entregou-lhe as cartas, se eles admitiam uma revolta contra Oretes. Observando que eles reverenciavam muito as cartas e ainda mais as palavras grafadas nelas, ele entregou-lhe uma outra na qual estavam grafadas as seguintes palavras: "Persas, o rei Dario ordena-vos que não façais a guarda pessoal de Oretes como lanceiros.". E depois que eles escutaram essas palavras, depuseram suas lanças. E quando Bageo os viu fazendo isso, porque estavam obedecendo a ordem contida na carta, nesse momento, ele encheu-se de coragem e entregou a última daquelas cartas ao escriba, na qual estava escrita o seguinte: "O rei Dario ordena aos persas de Sárdis que matem Oretes.". E os lanceiros da guarda pessoal, quando ouviram isso, desembainharam suas espadas curtas e o mataram imediatamente. Assim então as forças vingadoras de Polícrates de Samos perseguiram o persa Oretes[365].

---

363. O σφραγίς (*sphragís*), ou sinete, constituía-se na marca do rei persa, reconhecida por todos os seus comandados - em particular, por seus sátrapas. Sobre a eficiência deste expediente, temos como exemplo o seguinte relato do historiador Tucídides: "Xerxes ficou contente com a carta, envia Artabazo, filho de Fárnaces, até o litoral e ordena que ele assuma a satrápia de Descaléio, substituindo Megabates que antes a governava. Entregou-lhe uma resposta para que a fizesse chegar o mais rapidamente possível a Pausânias em Bizâncio, mostrando o sinete e, se Pausânias lhe desse alguma ordem a respeito dos seus negócios, agisse de maneira melhor e mais leal." (*História da Guerra do Peloponeso*, I, 129). Tradução Anna Lia do Amaral Almeida Prado. In: *Op. cit.*

364. Esses escribas do rei eram, na verdade, observadores das ações dos sátrapas, um modo de o rei persa estar sempre informado sobre o acontecia nas satrapias, mais um dos seus instrumentos de controle.

365. Ressaltamos que este episódio narrado por Heródoto apresenta uma característica presente e marcante na narrativa épica de Homero conhecida por *ringkomposition* (composição anelar) que consiste em um relato no qual o autor encerra sua descrição (capítulo 126) com a mesma ideia com a qual o iniciou. Além da poesia épica de Homero, também encontramos esse tipo de narrativa na poesia

129. Depois de as riquezas de Oretes terem sido recuperadas, elas foram encaminhadas para Susos; não muito tempo depois de este fato ter acontecido, o rei Dario, enquanto estava em uma caçada de animais selvagens, ao saltar do seu cavalo, torceu o seu pé; que foi muito fortemente deslocado; pois o seu tornozelo saiu completamente da sua articulação. Em primeiro lugar, porque tinha o hábito de ter em seu entorno os que eram considerados os primeiros dentre os egípcios na arte médica, foi tratado por eles. Porque eles torceram e forçaram o seu pé machucado, fizeram-lhe um mal maior. Então, durante sete dias e sete noites, Dario foi acometido por esse mal e não teve como dormir. No oitavo dia, o rei estava em situação crítica[366], alguém disse a Dario que para tal caso havia ainda quem os antecedia na arte médica em Sárdis, Democedes de Crotona[367]; ele então ordenou que o trouxessem o mais rapidamente possível à sua presença. Quando ele foi encontrado entre os escravos cativos de Oretes, extremamente descuidado, apresentava-se em público arrastando grilhões e trajando roupas esfarrapadas.

---

trágica - um exemplo clássico são os seguintes versos de Ésquilo: "Do profundo pensamento salvador,/ como mergulhador, deve ir ao fundo/ o olhar arguto, sem demasiado vinho,/ para que, antes, sem dano para a cidade/ e para nós mesmos, isto termine bem,/ e nem deflagre, um conflito por resgaste,/ nem, por vos trair, quando vos sentais/ nas sedes de Deuses, tornemos grave/ conviva sem oblívio o destrutivo Deus/ que nem o Hades deixa livre o morto./ Não parece pedir pensamento salvador?" (*Suplicantes*, 407-417). Tradução Jaa Torrano. In: *Op. cit.*

366. Notamos que Heródoto demonstra com esse relato que os médicos egípcios não eram tão conhecedores da arte médica, visto que logo adiante registra que o rei foi curado por um heleno chamado Democedes, que foi capaz de tratar o mal de Dario. Portanto, Heródoto revela que a medicina era mais bem praticada na Hélade, que embora não tivesse a pompa e a fama que a dos egípcios amealhava, na prática, os helenos eram melhores médicos. Sobre a prática da arte médica no Egito, Heródoto afirma: "E a arte médica é dividida por eles de acordo com estes preceitos: cada médico é especializado em uma única doença, não em muitas. E todo o seu território é cheio de médicos; pois uns médicos são destinados às doenças dos olhos, outros às da cabeça, outros às dos dentes, outras às do ventre, outros às doenças desconhecidas." (*Histórias*, II, 84). Tradução Maria Aparecida de Oliveira Silva. In: *Op. cit.*

367. Como vimos, Crotona era uma cidade do sul da península itálica famosa por suas escolas de medicina, de onde surgiam médicos ilustres na Hélade.

130. Quando ele foi colocado na presença de Dario, o rei perguntou-lhe se ele conhecia a arte médica; mas ele não admitiu que a conhecia, porque temia que sua habilidade fosse revelada e que por isso ele fosse completamente afastado da Hélade[368]. Mas isso deixou claro para Dario que ele estava sendo ardiloso, porque ele conhecia essa arte, e ordenou aos que o acompanhavam que trouxessem chicotes e aguilhões para o meio de onde estavam reunidos. Nesse momento, portanto, ele declarou, dizendo que não conhecia essa arte com exatidão, mas, porque tinha o costume de acompanhar um médico, ele tinha um conhecimento superficial dessa arte. Depois disso, Dario permitiu que ele o tratasse, utilizando remédios helênicos, aplicou-lhe calmantes e depois vigorantes, e fez o rei cair no sono, e em pouco tempo devolveu-lhe a saúde, ainda que o rei não tivesse mais a esperança de que o seu pé seria forte como antes. Então, depois disso, Dario lhe presenteou com dois jugos de grilhões em ouro; mas ele perguntou ao rei se de propósito ele estava lhe dando como destino a duplicação do seu mal, porque ele o tinha tornado saudável. Como tinha ficado satisfeito com sua fala, Dario enviou-o para junto das suas mulheres; e os eunucos apresentaram-no às mulheres dizendo que ele tinha sido o homem que devolvera a vida ao rei. E cada uma delas, depois de ter mergulhado uma taça na arca de ouro, presentou Democedes com um presente tão esplêndido que os estáteres[369] que tinham caído das suas taças, que o escravo doméstico que as acompanhava, cujo nome era Cíton, amealhou uma grande quantidade de ouro.

---

368. Como de fato aconteceu, consultar o capítulo 125 deste *Livro III*, onde Heródoto apresenta Democedes como médico do rei. Destacamos a narrativa não linear de Heródoto neste episódio, o que revela uma característica marcante de toda a sua obra – narrativa esta que se aproxima da apresentada nos versos homéricos; portanto, este é mais um dos elementos da épica contidos na prosa herodotiana.

369. O estáter era a moeda corrente na Pérsia, confeccionada em prata ou ouro. Neste episódio, Heródoto refere-se à de ouro, que pesava em torno de oito gramas, e equivalia a vinte dracmas de prata atenienses. Tal moeda era também conhecida como dárico.

131. E esse Democedes, vindo de Crotona, acompanhou Polícrates pelo modo que se segue. Porque ele habitava com seu pai em Crotona, que era intratável por causa da sua cólera; visto que ele não conseguia mais suportá-lo, abandonou-o e foi morar em Egina. Depois de ter se estabelecido neste lugar, no primeiro ano, ele ultrapassava em conhecimento os outros médicos, mesmo sem ter as ferramentas e nenhum dos instrumentos que são necessários ao exercício de sua arte. E no segundo ano, os eginetas pagavam-lhe para ser médico público[370]; no terceiro ano, os atenienses contrataram seus serviços por cem minas[371] por mês e no quarto ano, Polícrates o contratou por dois talentos[372]. Desse modo ele chegou em Samos, e a partir desse homem, os médicos crotoniatas obtiveram uma reputação que não era pequena; pois os médicos mais importantes eram crotoniatas e também eram aclamados em todas a Hélade, e os cirenaicos estavam em segundo lugar. E por essa mesma época, os argivos eram famosos por serem os primeiros na arte musical dentre os helenos.

132. Naquele momento, Democedes, por ter curado o rei, começou a morar uma casa grandiosa, a comer na mesma mesa que o rei comia; todas as outras coisas lhe eram permitidas, à exceção de retornar para a Hélade. E em um dado momento, os médicos egípcios que serviam o rei iam ser empalados porque tinham sido superados por um médico heleno, então Democedes foi antes até o rei e intercedeu em favor deles junto a Dario para que eles permanecessem vivos, e eles foram salvos pelo médico heleno; e

---

370. Heródoto retrata uma prática comum a grandes cidades da Hélade, a presença de médicos públicos para o tratamento de seus cidadãos. Com isso evitavam a proliferação das doenças e garantiam a higienização do espaço público; como o historiador grafa δημοσίῃ μισθοῦνται (*dēmosíēi misthoûntai*), esses profissionais "eram contratados pelo erário público". Tal medida ainda pretendia que seus cidadãos estivessem saudáveis para sua participação em um eventual ataque inimigo, além de reduzir o número de mortos, o que resultava em menos enterros, pois os locais de enterramento também eram centros geradores de doenças, por isso a prática do enterramento fora da cidade e da cremação tornaram-se comuns no período clássico.

371. Medida de peso helênica, cada mina tinha o valor aproximado de 324 gramas.

372. Medida de peso helênica, cada talento equivalia a 32,369 quilos.

outro momento, ele salvou um adivinho eleu[373] que acompanhava Polícrates, que vivia descuidado entre os escravos cativos. E Democedes era de grande importância junto ao rei.

133. Em pouco tempo, depois disso, outras coisas aconteceram, que foram as que se seguem. Quando nasceu um tumor no seio de Atossa, filha de Ciro e mulher de Dario, depois de o tumor ter sido interrompido, ele começou a estender-se de forma crescente. Durante o tempo em que o tumor estava menor, ela o escondia e, porque tinha vergonha, não dizia nada a respeito, mas quando o tumor já estava em uma situação crítica, mandou trazer Democedes e mostrou-o para ele. E ele disse-lhe que a tornaria saudável, mas a fez prometer que ela lhe daria em troca aquilo que ele lhe pedisse, e que ele não pediria nada que pudesse lhe trazer uma vergonha.

134. Então, depois de Democedes tê-la tratado e de ter declarado que ela estava saudável, nesse momento, instruída por Democedes, Atossa[374] entrou no leito nupcial de Dario e dirigiu-lhe a seguinte fala: "– Ó rei, com tanto poder que tens, permaneces quieto, nem acrescentando nenhum povo nem aumentando o poder dos persas. E isso é natural a um homem jovem, senhor de grandiosas riquezas, mostrar que está realizando um feito admirável, a fim de que os persas percebam que são governados por um homem. Realizar essas coisas te conduzirá para dois pontos interessantes: um ponto é que os persas saberão que eles têm um homem que está à frente deles, e outro ponto é que estando extenuados pela guerra não terão tempo livre para revoltarem-se contra ti[375]. Pois agora poderias realizar

---

373. A Élide, situada na região da Península do Peloponeso, conforme nosso historiador no *Livro IX*, capítulo 33, era conhecida por seus famosos adivinhos; entre eles estava Cálias, que Heródoto menciona em seu *Livro V*, capítulo 45.

374. Não era comum que uma mulher aconselhasse um rei, ou até mesmo desafiasse a sua autoridade, como faz Atossa, mas ela é uma mulher influente por ser filha de Ciro, que havia proclamado que os filhos dela seriam os herdeiros do trono persa, conforme afirma Heródoto, *Histórias*, VII, 2.

375. A percepção de que manter seus cidadãos ocupados em guerras é uma das características dos povos antigos governados por tiranos ou reis centralizadores, também é uma constante na prática política dos tiranos da Hélade.

uma obra admirável, porque estás na idade da tua juventude; pois, por um lado, enquanto o corpo está crescendo, cresce também a sua inteligência; por outro lado, quando ele está envelhecendo, envelhece também a sua tonicidade para realizar todas as suas ações.". Então, ela falou isso porque tinha sido instruída por Democedes; e Dario em resposta disse-lhe: "– Mulher, tudo quanto disseste para eu fazer, eu mesmo penso em executar. Pois decidi realizar uma expedição militar contra os citas para anexar territórios[376], com uma ponte que vai desta planície até a outra planície. E isso será concretizado em pouco tempo.". E Atossa disse-lhe as seguintes palavras: "– Vê, então, abandona a ideia de primeiro atacar os citas; pois esses, quando tu quiseres, será teu povo. E tu, segundo eu penso, deve realizar uma expedição militar contra a Hélade; porque fui informada em uma conversa, e desejo ter servas lacônias, argivas, áticas e coríntias. E tens o homem mais apropriado dentre todos os homens para indicar-te cada um dos territórios da Hélade e ainda guiar-te por eles, esse que curou o teu pé.". E Dario disse-lhe em resposta: "– Mulher, visto que assim te parece melhor, nós primeiro vamos fazer uma experiência com a Hélade; parece-me melhor que primeiro enviemos observadores com o mesmo homem que do mesmo modo que tu disseste para enviá-los, porque depois de terem apreendido e observado cada um dos territórios, eles irão nos informar a respeito de tudo; e em seguida, marcharei contra eles informado sobre tudo.".

135. Dario disse isso, que realizou em palavra e ação. Depois que o dia imediatamente brilhou, convocou quinze homens notáveis dentre os persas e ordenou-lhes que acompanhassem Democedes para atravessarem os territórios litorâneos da Hélade, mas que eles cuidassem para que Democedes não fugisse, mas que de toda forma eles o trouxessem de volta. Depois de Dario ter dado essas ordens aos homens, em seguida ele convocou Democedes e pediu-lhe que guiasse os persas por todos os lugares, que lhes mostrasse a Hélade e que retornasse; e ordenou que Democedes levasse presentes para o seu pai e seus irmãos e que pegasse todas as suas

---

376. O plano de Dario é anexar o continente asiático ao europeu, conforme Heródoto relata no *Livro IV*, capítulo 2.

mobílias para levar, dizendo que lhe restituiria com outros muitos bens; e disse ainda que contribuiria presenteando-o com uma embarcação de carga, cheia de todos os tipos de bens, para que então ele navegasse junto com elas. Eu penso que Dario de fato lhe oferecia esses presentes sem que houvesse qualquer intenção dolosa; mas Democedes, por temer que Dario estava pondo-o à prova, não demonstrou que estava ávido por todos aqueles presentes recebidos, mas que ele disse que deixaria uns em seu próprio território[377], a fim de que quando retornasse ele os pegasse; todavia ele disse que aceitaria a embarcação de carga, a que Dario anunciou-lhe que seria um presente para os seus irmãos. E depois que Dario ordenou-lhe essas coisas, o rei despachou-os para o mar.

136. E eles desceram em direção à Fenícia, até a cidade fenícia de Sídon[378], onde rapidamente guarneceram duas trirremes, e juntamente com elas também um grande *gaulo*[379] carregado de todos os tipos de bens; e depois de eles terem-nas guarnecido com todas as coisas, navegaram em direção à Hélade. Quando se aproximaram da costa litorânea da Hélade, observaram-na e escreveram tudo o que viram, depois de terem observado todas as suas características e os seus territórios mais célebres[380], foram para Taras[381], na região da

---

377. Democedes refere-se à cidade de Susos, onde ele residia.

378. A cidade de Sídon era um dos mais importantes entrepostos comercias da Fenícia.

379. Trata-se de um γαῦλος (*gaûlos*), palavra de origem semítica cujo radical é *gôl-* (algo redondo), que denomina um barco mercante fenício de formas arredondadas, que literalmente eram chamados de redondos.

380. Interessante notar que Heródoto exalta a viagem feita para o sul da Itália, região na qual ele participou de uma expedição colonizadora e lá estabelecendo-se na colônia helênica de Túrio, quando partiu de Atenas vindo da sua cidade natal Halicarnasso, na Ásia Menor. Quanto aos territórios célebres, o historiador faz referência aos suntuosos e famosos portos de Faleros, em Atenas e Niseia, em Mégara, entre outros.

381. Cidade situada no sul da Itália, foi um local colonizado pelos helenos da Lacônia, mais precisamente pelos espartanos, entre os séculos VIII e VI a.C., à época das Guerras Messênias. Nessa região também existiam colônias fenícias e sírias. Essa cidade é conhecida também como Tarante, atual Tarento.

Itália[382]. Nesse local, Aristofilides[383], rei dos tarentinos[384] pela complacência de Democedes[385], Aristofilides ordenou que os timões fossem retirados das naus medas, e capturou os próprios persas, e porque foram considerados espiões[386], foram aprisionados. No momento em que eles sofriam tais coisas, Democedes partiu para Crotona; e quando ele já estava em sua cidade, Aristofilides libertou os persas, restituiu-lhes os timões e entregou-lhes as suas naus.

137. De lá os persas navegaram, perseguindo Democedes, até que eles chegaram em Crotona, quando o encontram passeando pela ágora e o capturam. Dentre os crotoniatas, uns, porque temiam as ações dos persas, estavam prontos para entregá-lo, mas outros apoderaram-se por sua vez dele e golpearam os persas com seus bastões, apresentando como pretexto estas palavras: "Homens crotoniatas, vede as coisas que fazeis; o homem que arrebatam para si é um fugitivo do rei. E como o rei Dario suportará receber tratamento tão ultrajante? Como essas ações vos farão bem, se vós o mantende afastado de nós? Contra qual cidade antes desta realizaremos uma expedição militar? Qual a primeira que escolheremos para escravizar?". Mesmo dizendo essas palavras,

---

382. Convém lembrar que Democedes vinha de Crotona, cidade localizada no sul da Itália, o que explica seu particular interesse por esse território.

383. Não dispomos de mais informações sobre esta personagem.

384. Existe um estranhamento quanto ao uso da expressão Ταραντίνων ὁ βασιλεύς (*Tarantínōn ho basileús*), isto é, "o rei dos tarentinos", visto que a realeza não mais existia na Hélade à época de Heródoto. Talvez o historiador tenha cometido um equívoco pela sequência de uso do substantivo βασιλεύς (*basileús*), "rei", para referir-se ao rei Dario, ou por associar o tirano, característico desta região, ao rei.

385. A frase, em dialeto iônico, ἐκ ῥηστώνης τῆς Δημοκήδεος (*ek rēstṓnēs tēs Dēmokḗdeos*) que traduzimos por "por complascência de Democedes", também pode ser interpretada como "pela facilidade de fuga para Democedes" ou "pela facilidade de trajeto de Democedes"; como destacamos acima, ele estava próximo de sua cidade Crotona. Tais interpretações são possíveis porque ῥηστώνη (*rēstṓnē*) tem como significado primeiro "facilidade (de trajeto, de fuga)", e em segundo "facilidade de humor", "boa vontade", "complacência" e "gentileza".

386. O substantivo κατασκόπος (*kataskópos*) tem um sentido ambíguo, pois pode ser interpretado como aquele que é "observador", "inspetor" ou "espião".

ele não conseguiu persuadir os crotoniatas, mas eles mantiveram Democedes afastado deles e ainda pegaram o seu *gaulo*[387], então zarparam retornando para a Ásia, e ainda, nem buscaram conhecer uma região mais distante da Hélade, quando chegaram, porque foram privados de seu guia. Todavia, Democedes mandou que eles zarpassem e ordenou-lhes dizer a Dario que Democedes tomou como esposa a filha de Mílon[388]. Pois, de fato, o nome do lutador Mílon era muito conhecido na corte do rei; e parece-me que por isso Democedes apressou esse seu casamento, gastando muito dinheiro, a fim de que se mostrasse a Dario como também sendo estimando em seu próprio território.

138. Após terem zarpado de Crotona, os persas foram dar com suas naus em Iapígia[389], onde também foram escravizados até quando Pilos[390], um homem exilado de Tarento, os resgatou e conduziu-os de volta para o rei Dario. Em troca desses feitos, o rei estava disposto a dar o que ele quisesse. E Pilos, após ter relatado a sua desventura, escolheu retornar para Tarento onde ele havia nascido; a fim de que não causasse uma confusão na Hélade, que, por sua causa, uma grande expedição navegasse contra a Itália, ele disse que se serviria somente dos cnídios para reconduzi-lo ao seu lugar de origem,

---

387. O γαῦλος (*gaûlos*) é um barco mercante fenício com formas arredondadas. Provavelmente, Heródoto ainda deixa em seu leitor/ouvinte a suspeita de que os crotoniatas tenham se apoderado não somente da embarcação, mas também de suas mercadorias.

388. Mílon de Crotona foi um famoso lutador, com registros entre 532 e 512 a.C., anos em que obteve seis vitórias nos Jogos Olímpicos e sete nos Jogos Pítios. Havia muitas anedotas sobre a força física de Mílon, sendo a de sua morte a mais conhecida. Contam os helenos que Mílon decidiu quebrar o tronco de uma árvore com suas próprias mãos, quando foi capturado por uma armadilha e devorado por lobos.

389. Cidade situada na costa do Mar Adriático, ao sul da Península Itálica. Antigo território da Messápia que, após a chegada dos cretenses, teve o seu nome mudado para Iapígia, quando seus habitantes passaram a ser conhecidos como messápios iapígios.

390. Não dispomos de mais informações sobre esta personagem.

pensando, porque eles eram amigos dos tarentinos[391], que ele teria especialmente o seu retorno. Os cnídios obedeceram a Dario, no entanto não persuadiram os tarentinos, e eles não eram capazes de empregar a força. Então isso aconteceu desse modo, esses foram os primeiros persas que foram da Ásia para a Hélade, eles também, por essa questão, atuaram como observadores[392] da região.

139. Depois disso, o rei Dario capturou Samos, a primeira dentre todas as cidades helenas e bárbaras, por causa do seguinte motivo. Quando Cambises[393], filho de Ciro[394], realizou uma expedição militar contra o Egito, muitos outros helenos partiram para o Egito[395]; uns, como era natural, pelo comércio, e outros porque participavam de sua expedição militar, e alguns outros a fim de ver esse primeiro

---

391. Tanto Cnido como Tarento eram cidades colonizadas pelos espartanos, por volta do século VII a.C. Portanto, a amizade entre cnídios e tarentinos se justifica também pelas relações de parentesco existentes entre eles, além das semelhanças em suas práticas culturais e religiosas, e sua afinidade linguística.

392. Κατάσκοποι (*katáskopoi*), conforme grafa Heródoto, também significa "espião", "inspetor", visto que esses eram enviados pelos reis persas para informa-los sobre os acontecimentos na Hélade, com a intenção de dominá-la tanto territorial e economicamente, dado recorrente na escrita dos helenos.

393. Rei da Pérsia, 530-522 a.C., filho de Ciro, tornou-se notável por ter conquistado o Egito.

394. Rei da Pérsia entre 559-530 a.C., recebeu o epíteto de "o Grande", por ter conquistado todos os povos vizinhos e ter fundado o Império Aquemênida, o maior de seu tempo.

395. Com este relato, Heródoto também evidencia um forte movimento migratório dos helenos para o Egito já no século VI a.C. No segundo livro de suas *Histórias*, Heródoto registra que: "concedeu permissão àqueles que vinham para o Egito para morar na cidade de Náucratis; e àqueles que não queriam morar nessa cidade, mas que navegavam para lá, ele concedeu territórios para que eles erigissem altares e santuários em honra aos deuses. Então o principal, o mais renomado e o mais consultado santuário deles era o chamado Helênion, e as cidades que realizaram suas construções em comum são as seguintes: dentre as que eram iônias, Quios, Teos, Foceia e Clazômenas; dentre as dóricas estão Rodes, Cnido, Halicarnasso, e Fasélis, enquanto dentre as eólicas, a única é a cidade de Mitilene." In: Heródoto. *Histórias. Livro II – Euterpe. Op. cit.*

território capturado. Dentre eles estava Éaces[396], filho de Silosonte, irmão de Polícrates, que foi exilado de Samos. Para esse Silosonte aconteceu um episódio de boa sorte, que é o seguinte. Após ter pegado um manto leve e trajado a rubra peça, foi passear na ágora de Mênfis. E quando o viu, Dario era um lanceiro da guarda pessoal de Cambises e um homem de quem ninguém falava muito. Mas Silosonte, ao ver Dario com grande desejo de ter seu manto leve, servindo-se da sua divina sorte, disse-lhe: "Eu não vendo este manto por dinheiro algum, mas eu lhe dou por nada, se é verdade que isso deve ser absolutamente assim.". E, depois de ter elogiado suas palavras, Dario levou consigo o manto.

140. Então, Silosonte pensava que havia perdido o seu manto por causa da sua bondade. Com o passar do tempo, Cambises morreu quando os sete se rebelaram contra o mago e, dentre eles, Dario obteve o reino[397]; Silosonte foi informado que o reino havia sido transferido para aquele homem para o qual um dia ele deu o seu manto leve porque ele havia lhe pedido quando estava no Egito. Após ter subido para Susos, sentou-se diante das portas do palácio do rei e disse que era um benfeitor[398] de Dario. E o guardião da porta palaciana, depois de ter ouvido isso, relatou o ouvido ao rei; que, admirado, disse-lhe: "E quem é dentre os helenos que tenho como um benfeitor e a quem devo ser grato, se há pouco obtive o poder, mas ninguém, ou nenhum deles, subiu até a nossa corte, e posso dizer que não necessito de nenhum heleno? Mesmo assim, conduza-o para dentro, a fim de que saiba o que ele quer dizer com isso.".

---

396. Para mais detalhes sobre este episódio envolvendo Éaces, consultar os capítulos 39 e 40 deste *Livro III*.

397. Sobre os acontecimentos que antecederam a sucessão de Dario no trono, consultar os capítulos 71 a 85 deste *Livro III*.

398. O εὐεργέτης (*euergétēs*), ou benfeitor, era um título honroso, pois era dado ao cidadão que realizasse boas ações para a cidade, como a construção de templos, arcar com as despesas dos festivais etc. O termo foi retomado no Império Romano em uma instituição chamada Evergetismo, em que o evergeta consertava estradas, construía templos e edifícios públicos etc. Em ambos os casos, são cidadãos que beneficiam suas cidades das mais diversas maneiras.

O guardião conduz Silosonte, e alguns homens colocaram-se de pé no meio do recinto: eram os intérpretes que lhe perguntaram quem ele era, o que havia feito e porque dizia ser um benfeitor do rei. Então, Silosonte contou-lhes tudo o que aconteceu por causa de seu manto leve e que ele era aquele que o deu para o rei. Diante dessas palavras, Dario disse-lhe em resposta: "Ó mais generoso dos homens, tu és aquele único que veio até mim quando eu não tinha poder e me deste um presente, embora tenha sido algo pequeno, mas tua graça é igualmente semelhante, como se fosse um grande presente como os que recebo agora. Como compensação por seu ato, dou-lhe incontável ouro e prata, para que não te arrependas um dia de ter feito bem a Dario, filho de Histaspes.". Diante dessas palavras, Silosonte disse-lhe: "Ó rei, não me dês ouro nem prata, mas recupera de volta e devolva-me a minha pátria Samos, na qual agora, desde que meu irmão Polícrates foi assassinado por Oretes, manda um escravo nosso, dá-me a cidade sem morte nem escravidão.".

141. Após ter ouvido essas palavras, Dario enviou um exército e o estratego Otanes que era um dos sete homens, ordenando-lhe que executasse com perfeição tudo que Silosonte lhe pedisse. E Otanes desceu para a orla marítima e preparou o seu exército[399].

142. E Meândrio, filho de Meândrio, detinha o poder de Samos, porque havia recebido o poder delegado por Polícrates; que desejava se tornar o mais justo dos homens, mas isso não aconteceu. Pois quando ele foi informado de que Polícrates estava morto, fez as seguintes coisas. Primeiro construiu um templo em honra de Zeus

---

399. A despeito da anedota contada por Heródoto sobre o manto de Silosonte dado ao então desconhecido Dario, o episódio retrata a intenção de Silosonte de derrubar a tirania de Meândrio e instaurar o conceito de isonomia entre os cidadãos. A cidade de Samos estava dividida em três facções: a popular, a aristocrática e a oligárquica. Destas, apenas a popular apoiava o tirano por suas medidas populistas; a aristocracia, da qual advinha Meândrio, aspirava a mais liberdade política e igualdade perante as leis; já a oligárquica, à qual pertencia a família dos Eácidas, a linhagem dos tiranos anteriores, alimentava a esperança de retomar o seu antigo poder.

Eleutério[400] e a parte do território consagrado à divindade, em torno dele, ele fixou limites, e isso até hoje está lá na parte externa da cidade. Como o havia feito, depois ter convocado uma assembleia de todos os cidadãos, ele disse as seguintes palavras: "Como vós também sabeis, Polícrates confiou-me o seu cetro e todo o seu poder, e oferece-me agora a oportunidade de governar sobre vós. Pois eu mesmo, na medida do possível, não farei nem de perto as coisas que reprovo em alguém. Então Polícrates completou seu destino[401], mas eu anuncio que o poder está colocado em aberto para o público e que vós tendes igualdade de direitos[402]. Todavia, considero justo que eu tenha para mim os seguintes privilégios: que da riqueza de Polícrates seja retirada a quantia de seis talentos e dada a mim, e

---

400. Ἐλευθέριος (*Eleutérios*), ou Eleutério, é o epíteto de Zeus Libertador, que significa "que dá a liberdade" ou "libertador". Zeus apresenta vários epítetos no mundo antigo, o próprio Heródoto narra a desventura de Creso: "perturbado com a morte do filho, mais intensamente se lamentou, porque quem o havia matado tinha sido por ele mesmo purificado de um assassinato. Consternado pelo infortúnio, terrivelmente clamou por Zeus Catársio, que fosse testemunha de como estava sofrendo pelas ações do seu hóspede; e clamou por Zeus Epístio e por Zeus Hetairo, ele mesmo nomeou assim o deus, um chamando o Epístio, porque havia habitado em seu palácio, advertindo-o que não lhe passasse despercebido que seu hóspede, que fora alimentado por ele, era o assassino de seu filho; e o Hetairo porque tinha sido enviado como protetor e que havia descoberto que ele era o seu maior inimigo.". (*Histórias*, I, 44). In: Heródoto. *Histórias. Livro I – Clio. Op. cit.*

401. Ao afirmar que "Πολυκράτης μέν νυν ἐξέπλησε μοῖραν τὴν ἑωυτοῦ" (*Polykrátēs mén nyn ekséplēse moîran tền heōutoû*), "Então Polícrates completou seu destino", Heródoto revela sua compreensão divina do mundo, visto que a μοῖρα (*moîra*), ou moira, está relacionada ao "destino", "ao quinhão que cabe ao mortal quando nasce". O substantivo μοῖρα (*moîra*) também está presente no nome das três divindades conhecidas como as Moiras, que são a personificação do destino humano, do quinhão que lhe cabe durante a sua vida. As Moiras são três irmãs, Átropo, Cloto e Láquesis, que regulavam a duração da vida com a ajuda de um fio: a primeira o fiava, a segunda o enrolava e a terceira o cortava, simbolizando o nascimento, a vida e a morte do ser humano. Portanto, Heródoto interpreta o fato de Polícrates ter sido um tirano despótico como o cumprimento do quinhão que lhe foi destinado, como se a tirania não tivesse outra forma de governar que pelo uso da violência.

402. Trata-se da ἰσονομία (*isonomía*), ou isonomia, que é a igualdade de direitos políticos garantidos por lei.

além disso, escolho o sacerdócio de Zeus Eleutério, que se inicie a partir de mim e siga até os meus sucessivos descendentes, eu mesmo construí o templo para o deus e concedo a liberdade para vós.". De fato, essas foram as palavras que ele dirigiu aos sâmios, mas um deles levantou-se e disse: "Mas, certamente, tu não és digno de exercer o poder sobre nós, tanto és um malnascido como uma calamidade, mas mais, cuida para que dê argumento para o dinheiro que administraste.".

143. Ele disse isso porque é um homem de valor reconhecido entre os cidadãos, cujo nome era Telesarco[403]. E Mêandrio, percebendo a situação, se renunciava ao poder, algum outro em vez dele seria colocado como tirano; de fato, ainda não tinha em mente renunciar ao poder, mas retornar para a acrópole, mandando vir à sua presença um por um ***[404] de fato, que prestaria contas do dinheiro, capturou-os e os aprisionou. Então esses foram presos, e depois disso, Meândrio foi acometido por uma doença. Alimentava a expectativa de que seu irmão, cujo nome era Licareto[405], fosse morrer, para que fosse convenientemente colocado à frente dos assuntos de Samos, e assassinou todos os prisioneiros; pois, como parece, não queriam de fato ser homens livres[406].

144. Portanto, quando os persas chegaram a Samos, eles levaram a situação de Silosonte ter de retornar à sua terra natal; ninguém levantou as mãos contra eles, enquanto os partidários de Meândrio, também o próprio Meândrio, disseram que estavam dispostos a fazer

---

403. Única referência feita a esta personagem.

404. Lacuna do manuscrito.

405. Não dispomos de mais informações sobre esta personagem.

406. Heródoto reproduz o seguinte pensamento sintetizado por Aristóteles: "mas, entre os bárbaros, a mulher e o escravo têm a mesma condição. E a razão disso é que eles não têm um governante por natureza, mas a sua comunidade nasce de uma escrava e de um escravo. Por isso os poetas dizem: 'é justo que os helenos governem os bárbaros', como se um bárbaro e um escravo fossem o mesmo ser por natureza." (*Política*, 1252b5-9). In: Aristóteles. *Política*. Tradução, introdução e notas Maria Aparecida de Oliveira Silva. São Paulo: Edipro, (no prelo). O verso citado é de Eurípides, *Ifigênia em Áulis*, 1400, o tragediógrafo repete este verso em outra peça: *Helena*, 276.

um acordo para se retirarem da ilha. Após ter concordado com o que pediram, Otanes selou o acordo; os mais valorosos dentre os persas colocaram alguns assentos[407] em frente à acrópole e neles se sentaram.

145. Mas o tirano Meândrio tinha um irmão que era muito desatinado, cujo nome era Carilau; esse estava aprisionado em uma prisão subterrânea porque, de fato, cometeu um erro; e além disso, nesse momento, depois de ter ouvido rumores sobre os fatos que se sucederiam, debruçou-se para olhar através de uma abertura nessa prisão subterrânea; quando viu os persas pacificamente sentados, gritou e disse que queria ir conversar sobre seus argumentos com Meândrio. E após ter ouvido suas palavras, Meândrio ordenou que o soltassem e o trouxessem à sua presença. Então ele foi conduzido o mais rápido possível à sua presença, e chegou insultando-o e tratando-o mal; tentava persuadi-lo a avançar contra os persas, dizendo o seguinte: "Ó mais covarde dos homens! A mim, que sou teu próprio irmão[408],

---

407. Convém assinalar que Heródoto usa o plural de θρόνος (*thrónos*), que também significa "trono de um deus ou de um rei" e "assento de juiz"; a nosso ver, a escolha lexical justifica-se pelo caráter tirânico que o historiador atribui aos sâmios, bem como sua tendência natural à condição servil.

408. Notamos que Carilau procura despertar no irmão o sentimento de amor natural que há entre eles, ao mesmo tempo em que o critica duramente por ir contra a natureza, isto é, contra os costumes, quando se coloca em posição contrária à dele. Sobre esse pensamento, temos o seguinte registro de Plutarco: "Na verdade, não muito distante, a natureza coloca-nos o exemplo da utilidade dos irmãos, mas, no mesmo corpo, a maior parte das necessidades é planejada para a atuação em dupla, irmãs e semelhantes, como as mãos, os pés, os olhos, os ouvidos e os narizes; ela ensinou que eles existem para salvação e cooperação em comum, que não os estabeleceu assim para divergência e luta. As próprias mãos, divididas em muitos e desiguais dedos, mostram-se as mais ajustadas e engenhosas de todos os órgãos, a ponto de Anaxágoras, o antigo, atribuía às mãos a causa da sabedoria e da inteligência humanas." (*Do amor aos irmãos*, 478D-E). Portanto, vemos que a φιλαδελφία (*philadelphía*), ou seja, "amor ao irmão" é algo natural entre os irmãos, que a μισαδελφία (*misadelphía*) ou "ódio ao irmão" representa um sentimento que vai contra a natureza, um conceito muito importante aos filósofos naturalistas helenos, representado pela expressão παρὰ φύσιν (*parà phýsin*), literalmente: "contra a natureza". Outro aspecto interessante no discurso plutarquiano é que o sentimento de φιλαδελφία (*philadelphía*), ou seja, "amor ao irmão" não é semelhante ao de φιλία (*philía*), isto é, ao de "amizade",

que não cometi nenhuma injustiça, julgaste que eu era digno de ser aprisionado pela corrente desta prisão subterrânea, de onde vejo os persas expulsando-te da tua terra natal e te tornando um sem-lar; tu não ousas vingar-te contra eles, ainda que, de fato, possas derrotá-los com facilidade? Mas se tu já estás tremendo de medo diante deles, dá-me teus guarda-costas[409], e eu me vingarei deles por terem vindo até aqui. E estou disposto a eu mesmo te enviar para a ilha".

146. Carilau disse-lhe essas palavras; e Meândrio aceitou o seu argumento, como eu penso, não porque alcançou o seu ponto máximo de insensatez para pensar que a sua força militar fosse ultrapassar a do rei, mas mais porque invejava Silosonte que, sem esforço, iria receber a cidade intacta. Então, depois de ter sido provocativo com os persas, ele quis exaurir o máximo possível as riquezas de Samos para assim entregá-la; ele sabia perfeitamente que, se fossem maltratados, os persas iriam se tornam mais agressivos com os sâmios, e sabia que sua fuga da ilha estava segura, no momento em que ele a quisesse; pois havia feito uma passagem secreta para que o levasse da acrópole até o mar. De fato, o próprio Meândrio zarpou de Samos, mas Carilau armou por completo os seus guarda-costas, abriu os portões e avançou contra os persas que nem esperavam por num ato dessa natureza, nem pensavam em nada disso e que de fato tudo já havia acontecido. Os guarda-costas avançaram contra os persas que estavam sendo carregados em assentos[410] e mataram os que dentre eles eram os mais

---

pois o amor aos irmãos também é uma amizade natural, porque é a base para a força e a saúde da família. In: Plutarco. *Do amor aos irmãos*. Tradução, introdução e notas Maria Aparecida de Oliveira Silva. São Paulo: Edipro, 2017.

409. Heródoto serve-se do substantivo ἐπίκουρος (*epíkoupos*) que, em Atenas também significa "mercenários" ou "tropa auxiliar". Conforme Heródoto registrou no capítulo 45 deste *Livro III*, Polícrates havia deixado mercenários para a proteção de Meândrio.

410. O particípio de διφροφορέω (*diphrophoréō*) isto é, "levar um assento", οἱ διφροφορούμενοι (*hoi diphrophoroúmenoi*), pode ser traduzido por "carregadores de assento", ou como "ser carregados em um assento"; entre os persas esses assentos eram reservados aos que ocupavam os cargos mais importantes. Portanto, Heródoto também pode estar se referindo aos persas que tomaram os assentos na frente da acrópole como os novos governantes de Samos, conforme o historiador

importantes. E esse fez isso, enquanto o restante do exército da Pérsia veio para socorrê-los, e os guarda-costas que estavam na infantaria recuaram e retomaram a acrópole.

147. E Otanes, o estratego, quando viu o grande sofrimento que os persas passavam, que foi enviado por Dario para cumprir as suas ordens de não matar nem escravizar nenhum dos sâmios, e ainda entregar a ilha sem danos a Silosonte, mas, quando ele se lembrou dessas ordens, ele as abandonou, e deu ordens ao seu exército para que capturasse todos, tanto homens como crianças, e que os matassem por igual. Lá, uma parte do exército sitiou a acrópole, outra parte matou cada um dos que encontrava no caminho, igualmente os que estavam dentro de um local sagrado como os que estavam fora dele[411].

148. E Meândrio, depois de ter escapado de Samos, navegou em direção à Lacedemônia; e quando chegou lá, mandou trazer as riquezas que tinha transportado consigo na viagem, que eram as seguintes. Colocou para a exposição peças como taças de prata e ouro, e seus servos estavam lustrando essas taças, quando, nesse mesmo tempo, ele estava tendo uma conversa com Cleômenes[412], filho de Anaxândrides[413], que era rei de Esparta, que o conduziu até o seu

---

narra no capítulo 144 deste *Livro III*. Se aceitarmos esta última proposição, a melhor tradução seria "os guarda-costas avançaram contra os persas que haviam solicitado os assentos" em vez de "os guarda-costas avançaram contra os persas que estavam sendo carregados em assentos", que também podem ser "escabelos".

411. A observação herodotiana traz à mente o costume dos helenos de poupar a vida daquele que corre para um templo na condição de suplicante, de onde passa a ser protegido pela divindade, portanto fora do alcance das mãos dos mortais. O comentário de Heródoto mostra o seu olhar comparativo, que provavelmente despertava o estranhamento em seus ouvintes helenos e a pronta divisão entre o que é ser bárbaro e ser heleno. É verdade que esse costume se mostrava um tanto esquecido nos momentos mais acirrados de várias guerras ocorridas na Hélade, como a Guerra do Peloponeso, por exemplo.

412. Cleômenes I, rei de Esparta, pertencente à Casa dos Ágidas, filho de Anaxândrides e sua segunda esposa, cujo nome desconhecemos. Cleômenes reinou de 525 a 488 a.C.

413. Rei de Esparta, de 560 a 525 a.C., que cedeu à proposta do éforo Quílon conhecida como "política de Orestes", que consistia em os reis espartanos precisarem

palácio; quando Cleômenes viu as taças, ficou maravilhado e espantado; e Meândrio pediu-lhe para que levasse consigo quantas delas quisesse. E essas palavras, de fato, foram ditas duas ou três vezes por Meândrio, mas Cleômenes foi o mais digno dos homens, considerou que não era justo receber o que ele estava lhe oferecendo, porque compreendeu que ele encontraria a retribuição entre outros homens, dentre os cidadãos, que receberiam essas taças, quando foi até os éforos[414] que lhe disseram que o melhor para Esparta era que o estrangeiro sâmio abandonasse o Peloponeso, a fim de que não persuadisse, ou a ele, ou a algum outro dos cidadãos espartanos[415] a fazer algo terrível. E os éforos consentiram seu argumento e anunciaram por meio de um arauto a expulsão de Meândrio.

149. Após ter feito o cerco de Samos ao modo de uma rede de arrastão[416], entregou a cidade desprovida de homens a Silosonte[417]. Todavia, passado um tempo, o estratego Otanes ajudou a repovoá-la

---

ter filhos herdeiros descendentes do povo dório. Como a primeira esposa de Anaxândrides não lhe dava filhos, Quílon forçou-o a desposar uma parente sua, com quem o rei teve Cleômenes.

414. Magistrados eleitos anualmente, em número de cinco, eles exerciam funções administrativas, judiciais e disciplinares. No período clássico da história espartana, os éforos passaram a ter mais poderes que os reis. Aristóteles afirma que "os éforos são oriundos do povo. Mas outros dizem que o eforato é uma tirania". (*Política*, 1265b40). Tradução Maria Aparecida de Oliveira Silva. In: *Op. cit.*

415. Σπαρτιάτης (*Spartiátēs*), traduzido comumente como "esparciata", é o nome dado exclusivamente ao indivíduo que é cidadão espartano, distinguido por ter nascido em Esparta e ser filho de pai e mãe cidadãos espartanos. Em nossa tradução, optamos por traduzir *spartiátēs* (Σπαρτιάτης) sempre por "cidadão espartano" em lugar de "esparciata".

416. Os persas tinham como tática militar de invasão formar uma linha com seu exército e seguir marchando sobre o território e por assim dizer, varrendo-o com a execução de todos os que encontrassem pelo caminho. A imagem construída em torno desta ação assemelha-se ao de um pescador que solta a sua rede de arrastão e a puxa para recolher os peixes, por isso o uso do verbo σαγηνεύω (*sagēveúō*) que significa "pescar com rede de pesca de arrastão". Heródoto detalha esta operação persa em *Histórias*, VI, 31.

417. Em contraposição ao relatado por Heródoto, temos a narrativa de Estrabão que nos conta que a drástica queda no número de cidadãos em Samos ocorreu em

por causa de uma visão que teve em sonho e de uma doença que o acometeu e adoeceu as suas partes pudendas.

150. À época em que ele partiu com sua expedição naval contra Samos, os babilônios fizeram uma revolta, e estavam muito bem preparados; pois no tempo em que o mago governou e os sete se rebelaram[418], nesse tempo todo e com toda a confusão política, para se preparar para enfrentar o cerco da cidade; e de algum modo não foram notados quando realizaram essas ações. E depois de eles terem se revoltado às claras, fizeram as seguintes coisas: depois de terem retirado as mulheres que eram mães, cada um dos babilônios escolheu uma única mulher, a que quisesse dentre as que pertencessem às suas próprias famílias, e todas as mulheres restantes foram reunidas num mesmo local para serem asfixiadas; e a única mulher que cada um escolhia para preparar os alimentos. As outras mulheres foram asfixiadas a fim de que não devorassem seus víveres.

151. Após ter sido informado sobre o ocorrido, Dario reuniu todo o seu poderio militar e realizou uma expedição contra eles, e marchou contra a Babilônia e a sitiou, mas os babilônios não se preocuparam com o cerco. Pois, os babilônios subiam até os postos no cimo da muralha[419], dançavam triunfantes e zombavam de

---

razão da tirania cruel de Silosonte, que instaurou uma política de eliminação dos opositores; consultar: Estrabão, *Descrições da Grécia*, XIV, 1, 17.

418. Existiram apenas duas revoltas dos babilônios durante o governo de Dario, mas são datadas de anos anteriores aos episódios narrados; é possível que Heródoto esteja relatando uma terceira, não registrada pela historiografia posterior. Ambas as revoltas da Babilônia contra Dario aconteceram em 522 a.C., logo nos primeiros anos do reinado de Dario.

419. Heródoto descreve, nos capítulos 178 e 179 do *Livro I*, o modo como os babilônios construíram essa muralha, que acreditavam ser intransponível. Sobre esses locais onde os babilônios podiam subir para ver do outro lado da muralha, Heródoto conta que: "Acima da muralha, construíram casas de um único compartimento ao lado das suas extremidades, voltadas umas para as outras; deixando um espaço no meio das casas, uma pista para a circulação de uma quadriga. E cem portas foram colocadas ao redor da muralha, todas de bronze, do mesmo modo que as pilastras das portas e das vigas acima delas.". (*Histórias*, I, 179). In: Heródoto. *Histórias. Livro I – Clio. Op. cit.*

Dario e do seu exército, e um deles disse-lhe essas palavras: "Por que estais sentados aí, persas, mas não vos retirais? Pois nesse momento capturareis nossa cidade quando as mulas tiverem crias.". E um dos babilônios disse essas palavras, acreditando que uma mula jamais teria uma cria[420].

152. Depois de transcorridos um ano e sete meses, Dario e seu exército já estavam irritados porque não contavam mais com toda a sua potência militar para capturar os babilônios. Embora Dario tenha utilizado de todos os tipos de artifícios contra eles; mas nem assim foi capaz de capturá-los, e tentou outros expedientes[421], e além disso, experimentou um expediente com o qual Ciro os havia capturado[422]; mas os babilônios estavam com habilidade em sua guarda, que nem lhe foi possível capturá-los.

153. Então, quando já estavam com vinte meses de cerco, a Zópiro, filho de Megabizo, esse é o que estava dentre os sete homens que

---

420. Também temos o registro de Aristóteles em *Da geração dos animais*, II, 8, de onde podemos concluir que os antigos helenos acreditavam que a mula era um animal incapaz de se reproduzir. O argumento aristotélico pauta-se na origem híbrida da mula; a seu ver, a ausência de uma pureza racial justifica a sua infecundidade.

421. O artifício mais usado para transpor uma muralha era o de terraplanagem, conforme Heródoto registra neste episódio: "Após a sua morte, Hárpago combateu como seu sucessor no comando militar, porque, quanto à raça, também ele era medo, a quem o rei dos medos, Astíages, ofereceu um banquete em uma mesa ímpia; ele havia ajudado Ciro a conquistar seu reinado. Esse homem, nesse momento, foi indicado por Ciro para ser comandante; quando ele chegou à Iônia, capturou as cidades com seus amontoados de areia; pois, para que fossem enclausurados em muralhas, o lugar foi bloqueado por amontoados de terra contra as muralhas, e logo as destruía.". (*Histórias*, II, 162). In: Heródoto. *Histórias. Livro II – Euterpe. Op. cit.*

422. Assim Heródoto narra o expediente de Ciro para capturar os babilônios: "Quando chegou ao lago, as coisas que a rainha dos babilônios fez com relação ao rio e ao lago, Ciro também as fez por seu turno; pois introduziu o canal do rio no lago que estava um pântano, tornou o curso inicial do rio navegável, quando o rio baixou. Depois de ter feito isso, os persas, que estavam alinhados no mesmo posto, seguiram pelo curso do rio Eufrates, porque estava baixo, um pouco mais que a metade da coxa de um homem atingia, e por ele entraram na Babilônia." (*Histórias*, I, 191). In: Heródoto. *Histórias. Livro I – Clio. Op. cit.*

depuseram o mago; a Zópiro, um filho desse Megabizo, aconteceu uma coisa extraordinária, que foi a seguinte: dentre as suas mulas que transportavam víveres, uma única teve cria. Quando ele foi informado sobre o ocorrido, ficou incrédulo, até que o próprio Zópiro viu o filhote, quis que nenhum dos que o estavam vendo não dissessem uma palavra sobre o que tinha acontecido. E sobrevieram-lhe as palavras ditas pelo babilônio, que desde o início do cerco disse que quando uma mula tivesse uma cria, então a muralha seria conquistada; diante dessa fala, Zópiro pensou que a Babilônia já estaria fácil de ser conquistada; pois ele disse que estava sob a proteção de um deus e tinha uma mula que tinha tido uma cria.

154. Como lhe parecia que a conquista da Babilônia já estava marcada pelo destino, e ele foi ao encontro de Dario e informou-se se ele dava muita importância para capturar a Babilônia. Depois de ter sido informado que em muito ele estimava essa conquista, quis outro expediente, para que ele próprio fosse o capturador dessa cidade e que ele mesmo fosse o executor desse feito; pois, entre os persas, os benfeitores são muito honrados e atingem o ponto alto em grandeza. Então, ele não concebeu nenhum outro expediente com o qual fosse capaz de executar seu feito e fazer a situação estar sob o seu comando, a não ser que ele se mutilasse e desertasse para o lado dos babilônios. Nesse momento, pensando que fosse um gesto fácil de suportar, mutilou-se em flagelo de modo irreparável; pois cortou seu próprio nariz, orelhas[423], também raspou terrivelmente a sua cabeleira e açoitou-se com chicote, e foi para a corte de Dario.

155. E Dario suportou muito mal ver um homem notabilíssimo mutilado, e saltando do seu trono, deu gritos lamentosos e perguntou-lhe quem o teria mutilado e porque haviam feito isso com ele. E Zópiro disse-lhe: "Esse homem não existe, a não ser tu; tu que tens tamanho poder para realizar isto, ninguém dentre os estrangeiros, ó rei, faria essas

---

423. A mutilação é considerada um ultraje gravíssimo, uma exclusão simbólica do mundo dos homens belos e bons. Havia entre os persas a lei que proibia um homem mutilado de ser rei; costume semelhante havia entre os espartanos. Neste *Livro III*, temos também o episódio de Intarfernes no qual mutila o guardião do palácio real, vide capítulo 118.

mutilações em mim, mas eu mesmo fiz isso comigo; é um tanto terrível que os assírios[424] estejam ridicularizando os persas.". E o rei disse-lhe em resposta: "Ó mais cruel dos homens, à obra mais vergonhosa colocaste o mais belo nome, disseste que tu te mutilaste em flagelo de modo irreparável por causa dos que estão sendo sitiados. Mas, por quê, tolo, os inimigos se irão se render mais rápido contigo mutilado? Como saíste do teu juízo, se estás arruinado?". E Zópiro disse-lhe: "Se eu te comunicasse sobre estas ações que iria executar, não terias me dado atenção; e agora eu a atraio para mim com o que eu fiz. Portanto, se não deixares a desejar em tuas incumbências, já capturamos a Babilônia. Pois eu, como estou, passarei para o outro campo do muro e direi aos babilônios que, por tua causa, eu sofri estas mutilações; também penso que, se eu os persuadir que as coisas foram desse modo, eles prepararão um exército para mim. E tu, a partir do dia quando eu entrar na muralha, deste até o décimo dia, do teu próprio exército, daquela parte que tu não ficarias nem um pouco preocupado com a sua ruína, deste retire uma fileira de mil homens e a posicione diante das portas chamadas de Semíramis. Depois disso, deste décimo dia espera até o sétimo, e novamente retire uma fileira de outros dois mil deles e os posicione diante das portas chamadas Ninívea s. A partir deste sétimo dia, quando contar vinte dias transcorridos, em seguida prepara outros quatro mil deles e os conduza para a frente das portas chamadas Caldeias. E que nem os primeiros nem esses últimos tenham armas para se defenderem, exceto punhais; e que isso seja permitido. Depois desse vigésimo dia, logo em seguida, ordena que outra parte do teu exército se coloque em volta da muralha, e que eu tenha uma fileira de persas embaixo das chamadas

424. É interessante notar que Heródoto incorpora a região da Babilônia ao território assírio, como o historiador registrou já em seu primeiro livro: "Depois de ter dominado todos os povos do continente, Ciro atacou os assírios. Na região da Assíria há outras muitas e grandes cidades, mas a mais famosa e forte era a Babilônia, lá onde eles tinham o poder real estabelecido após Nínive ter sido destruída, então era uma cidade de tal natureza. Situada na extensa planície, tendo o tamanho de frente de cada lado de cento e vinte estádios, formando um quadrado; esses estádios, todos juntos, perfaziam quatrocentos e oitenta de perímetro para a cidade." (*Histórias*, I, 178). In: Heródoto. *Histórias. Livro I – Clio. Op. cit.*

portas Bélides e Císsias[425]. Pois, como eu penso, quando eu demonstrar meus grandes feitos, e outras coisas, os babilônios se voltarão para o meu lado, e além disso, eu terei as chaves das portas. E doravante, eu e os persas teremos de nos empenhar para fazer as coisas que devemos.".

156. Após ter dado essas instruções a Dario, ele foi até as portas, muitas vezes se virando para trás[426], como se fosse um desertor de verdade. E quando, das torres, os designados para a sua proteção o viram, eles correram indo para baixo e entreabriram um pouco a outra porta, perguntando-lhe quem ele era e do que ele necessitava para que fosse lá. Ele respondeu-lhes que era Zópiro e que vinha na condição de desertor até eles. Então, depois de terem ouvido suas palavras, os guardiões das portas levaram-no até a assembleia dos babilônios; e após ter se levantado na assembleia, ele começou a se lamentar; disse que havia suportado muitos sofrimentos impostos por Dario, e ainda que seus sofrimentos foram causados pelo próprio Dario, e que havia sofrido essas penas porque o aconselhara a retirar o seu exército, visto que, de fato, nenhuma saída se mostrava própria a sua captura. "Agora", ele disse se explicando, "eu venho até vós, babilônios, para um bem maior, e ainda para um mal maior a Dario e seu exército; pois, certamente, não me mutilou tanto para que escapasse impune; e conheço todos os detalhes dos seus planos". E ele disse tais coisas.

---

425. As portas citadas por Heródoto existiram na Babilônia, encontramos registros escritos e arqueológicos que atestam a veracidade de seu relato. Os nomes dados por Heródoto não aparecem, mas podemos fazer a equivalência deles por seu posicionamento, visto que os nomes de Heródoto estão relacionados aos territórios vizinhos às portas. Já os nomes encontrados estão relacionados a divindades, além das babilônias, sumérias, ou acádias, que são seus nomes anteriores; assim, as portas de Semíramis correspondem às de *Isthar* (Deusa acádia da fertilidade), as portas dos Caldeus às de *Enlil* (Deus sumério do raio e do trovão), as portas Bélides às de *Marduk* (Deus primordial protetor da Babilônia), as portas Císsias às de *Zabada* (Deus babilônio da guerra) e, por fim, as portas Niníveas às de *Sin* (Deus acádio da Lua).

426. A narrativa imagética herodotiana em muitos momentos nos leva ao modelo utilizado nos poemas homéricos, onde a ação é descrita por outra ação que leva o leitor/ouvinte a imaginar a primeira. Neste caso, temos a ação de virar-se para trás com o significado de olhar para trás, no sentido de que Zópiro olhava para ver se estava sendo perseguido de perto pelos persas.

157. E os babilônios, ao virem um homem dos mais honrados entre os persas privado do seu nariz e das suas orelhas, com marcas de chicotadas misturadas com sangue, depositaram muitas esperanças em que ele dizia a verdade e que ele tinha vindo como um aliado até eles, e os babilônios estavam dispostos a se voltarem para o que ele pedisse deles. E ele havia lhes pedido um exército. E imediatamente quando ele recebeu isso deles, Zópiro fez exatamente o que ele havia combinado com Dario. Pois, no décimo dia, ele conduziu o exército dos babilônios para fora da cidade, e circundou os mil homens, os primeiros com os quais havia instruído Dario a formar uma fileira, e os massacrou. Depois que os babilônios compreenderam que ele apresentava os seus feitos semelhantes às suas palavras, ficaram extremamente alegres, estavam dispostos a servi-lo em tudo. E depois de terem se passado os dias combinados, novamente selecionando homens dentre os babilônios, levou-os para fora da cidade e massacrou os dois mil soldados de Dario. Após terem visto também esse feito, todos os babilônios tinham o nome de Zópiro em suas bocas apenas para elogiar[427]. E novamente, depois de terem se passado os dias combinados, ele levou o exército para fora da cidade até o lugar estipulado, circundou os quatro mil homens e os massacrou. Porque ele ainda tinha realizado isso, de fato, Zópiro era tudo para os babilônios, e ele recebeu como retribuição o posto de general do exército e guardião da muralha[428].

---

427. A explicação de Heródoto para a vitória dos persas sobre os babilônios revela como o fato tornou-se um episódio contado e recontado pelos babilônios até alcançar também o formato de uma narrativa anedótica. A anedota contada nos mostra um paralelo com a invasão de Troia, o uso de um ardil que sensibilize o inimigo e que lhe dê a falsa impressão de vitória. Os aqueus também deram aos troianos a falsa sensação de vitória, quando simularam o abandono da batalha; igualmente deixaram para trás um homem pretensamente humilhado para ludibriá-los por meio das palavras. Convém ressaltar a importância que a retórica assume nesses episódios, que se faz eficaz pela sua capacidade persuasiva no discurso e na performance. De onde vemos a teatralidade do episódio, em que as cenas devem parecer reais e provocar o sentimento de compaixão dos seus espectadores, e neste momento de comoção, dominá-los pela sua vaidade.

428. Os cargos de confiança oferecidos pelos babilônios a Zópiro ilustram bem a questão da sua retórica persuasiva envolvendo o sentimento de vitória, de

158. Mas quando Dario avançou, conformes as ações combinadas, cercando a muralha, a partir de então, Zópiro revelou todo o seu ardil[429]. Pois, enquanto os babilônios subiam a muralha e se defendiam do exército de Dario que estava avançando, Zópiro escancarou as chamadas portas Císsias e Bélides, e introduziu os persas na muralha. E dentre os babilônios, os que viram o que foi feito fugiram para o templo de Zeus Belo[430], e os que não haviam

---

supremacia do povo babilônio diante dos persas. Na verdade, Zópiro atua como um bajulador dos babilônios, personagem que Plutarco critica e assim o define: "Ele tem o nosso amor-próprio como uma base de operação vigorosa contra nós; por causa desse sentimento, cada um de nós é o primeiro e maior bajulador de si próprio; não é difícil que permita a aproximação de alguém de fora, uma testemunha das coisas que pensa e deseja, alguém que também as reforce, aliando-se com ele próprio. Pois aquele que é censurado por ser afeito a um bajulador é um profundo amante de si próprio, por causa dessa concepção de si mesmo, ele deseja ter todas as coisas belas e pensa que as tem; e o desejo delas não é estranho, mas esse pensamento é instável e necessita de muita precaução". (*Como distinguir o bajulador do amigo*, 48F-49A). In: Plutarco. *Op. cit.*

429. Convém lembrar que, segundo a narrativa de Ctésias, o autor de tal façanha teria sido o general Megabizo, filho de Zópiro, que desejava vingar a morte de seu pai, porque este era quem exercia o poder na Babilônia à época de Xerxes quando houve uma revolta contra os persas em 478 a.C.; consultar: Ctésias. *História da Pérsia*, XXII. A despeito das divergências nos relatos, por se tratar de uma anedota, a narrativa tende a tomar proporções atemporais e ter várias personagens como protagonistas ao longo dos anos. Heródoto escreve no início do século V a.C., enquanto Ctésias escreveu no início do século IV a.C. No entanto, Ctésias foi historiador da corte de Artaxerxes, onde escreveu a *História da Pérsia*, uma espécie de romance histórico, com episódios maravilhosos e fantásticos; logo, seu relato não está entre os mais confiáveis. Além disso, como veremos no capítulo 160, o último deste *Livro III*, existia uma sequência de persas cujos nomes Megabizo e Zópiro ora mostra que um é pai do outro, ora filho, ora avô.

430. O templo de Zeus Belo registrado por Heródoto é o templo de *Bel-Marduk*, que representa o sincretismo religioso dos babilônios, visto que *Bel* é um nome dado a vários deuses da religião mesopotâmia da Acádia, cujo nome significa "Senhor", existe ainda a deusa equivalente *Belit*, a "Senhora". Como vimos na nota sobre as descrições das portas da muralha da Babilônia, *Marduk* é um deus primordial protetor da Babilônia, existem registros dele que datam de 3.000 a.C. Já os primeiros registros que mostram a sua fusão com o deus *Bel* datam de 1.000 a.C. Um dado interessante é que o templo original de *Marduk*, conhecido como um lugar de ligação entre o céu e a terra, inspirou a construção da Torre de Babel.

visto permaneceram cada um no seu posto até que esses também perceberam o que estava acontecendo: que estavam sendo traídos.

159. Então, a Babilônia foi capturada assim pela segunda vez. E logo em seguida, Dario dominou os babilônios, derrubou a muralha deles e arrancou todas as suas portas (pois, durante a primeira vez, quando Ciro capturou a Babilônia[431], ele não fez nenhuma dessas coisas[432]), e Dario mandou empalar os três mil homens mais im-

---

431. Heródoto narra a tomada da Babilônia por Ciro em suas *Histórias*, logo no *Livro I*, nos capítulos 188 a 191. O episódio final é assim narrado: "Quando chegou ao lago, as coisas que a rainha dos babilônios fez com relação ao rio e ao lago, Ciro também as fez por seu turno; pois introduziu o canal do rio no lago que estava um pântano, tornou o curso inicial do rio navegável, quando o rio baixou. Depois de ter feito isso, os persas, que estavam alinhados no mesmo posto, seguiram pelo curso do rio Eufrates, porque estava baixo, um pouco mais que a metade da coxa de um homem atingia, e por ele entraram na Babilônia. Se, então, os babilônios tivessem sido informados antes ou notado o que estava sendo feito por Ciro, e tivessem percebido que os persas iriam entrar na cidade, eles o teriam destruído da pior forma; pois teriam fechado todas as pequenas portas que tinham em direção ao rio, eles mesmos subiriam nos muros feito de pedras que seguiam ao longo das margens do rio e os capturariam como se estivessem em uma cesta para pesca. Agora os persas apresentaram-se de surpresa para eles. Pela grande extensão da cidade, como é dito pelos que habitavam nela, os que estavam nas extremidades da cidade já haviam sido capturados, e os que habitavam o centro dela não perceberam que os babilônios já haviam sido capturados, mas (pois na ocasião eles tinham uma festa) estavam dançando durante esse tempo e estavam nas comemorações, até que então foram informados seguramente sobre o fato. E assim a Babilônia foi tomada pela primeira vez.". (*Histórias*, I, 191). In: Heródoto. *Histórias. Livro I – Clio. Op. cit.* Com esses dois relatos sobre a captura da Babilônia pelos persas, Heródoto destaca a habilidade militar de Ciro, que não usou de expedientes vergonhosos para isso, mas sempre lutou usando o raciocínio e explorando seus recursos humanos e materiais, além da sua postura destemida e encorajadora. Outro dado importante é a postura magnânima de Ciro que não ultrajou o povo babilônio com ardis, nem destruiu sua cidade, nem desrespeitou seus deuses.

432. Talvez Ciro não tenha tocado nas portas da muralha da Babilônia por ter respeitado a religiosidade do seu povo, por ter interesse de dominar uma cidade intacta, mas também porque dependia dos tributos que cobrava de cada cidade dominada; a destruição de sua estrutura a impediria de produzir e assim de pagá-los. O ato de Dario expressa um profundo desrespeito pelos deuses, o que é passível da vingança divina e da ira dos seus habitantes. Embora Heródoto não tenha dado

portantes da cidade; depois entregou a cidade para os que restaram habitarem. Como os babilônios deveriam ter mulheres, a fim de que suas linhagens tivessem sucessores, porque Dario tinha feito as coisas que já foram vistas antes (pois, como também foi indicado no início, os babilônios asfixiaram suas mulheres tendo em vista a sua escassez de víveres); e ele ordenando que mulheres dos povos vizinhos fossem enviadas para a Babilônia para lá se estabelecerem, determinando quantas cada um deles deveria enviar, de modo que reuniu um total de cinquenta mil mulheres. E dessas mulheres, descendem os babilônios de agora.

160. Na condição de juiz, no pensamento de Dario, ninguém dentre os persas, nem dentre os que viveram antes e os que nasceram depois - a não ser Ciro, que foi único – ultrapassou Zópiro em boa ação[433]. Pois ninguém dentre os persas jamais se considerava digno de ser comparado a Ciro. Conta-se que Dario muitas vezes declarou o seguinte pensamento: que preferiria que Zópiro estivesse sem os sofrimentos deste ultraje mais que acrescentar vinte Babilônias, além da que possuía[434]. E Dario honrou Zópiro com grandiosidade; de fato, a cada ano ele lhe dava os presentes que eram os mais valiosos entre os persas; ele também lhe concedeu a administração da

---

esse caráter religioso às portas ao associar seus nomes aos dos territórios da região, como vimos na nota 425, todos os nomes das portas estavam relacionados a uma divindade específica.

433. Heródoto faz referência ao grupo de persas notáveis que ele assim descreve no capítulo 154 deste *Livro III*: "pois, entre os persas, os benfeitores são muito honrados e atingem o ponto alto em grandeza". Onde o historiador grafa αἱ ἀγαθουργίαι (*hai agathourgía*), isto é, "os que praticam boas ações", ou "benfeitores". E a ação descrita neste capítulo é ἀγαθουργίη (*agathourgíē*), substantivo que significa "boa ação".

434. Notamos aqui um artifício retórico de Heródoto que incorre no que Plutarco chamou de malícia, visto que o historiador lembra a conquista de Ciro e o enaltece, enquanto a conquista de Dario está claramente relacionada à obstinação de Zópiro. Este registro de Heródoto aparece mais para atenuar o que foi dito no relato anterior. Sobre os expedientes retóricos da narrativa herodotiana, consultar: Plutarco. *Da malícia de Heródoto*. Edição bilíngue. Estudos, tradução e notas Maria Aparecida de Oliveira Silva. São Paulo: Edusp/Fapesp, 2013.

Babilônia até o fim da sua vida, concedeu-lhe ainda muitas outras benesses. E desse Zópiro nasceu Megabizo, que foi o estratego da expedição militar no Egito contra os atenienses e seus aliados[435]. E desse Megabizo nasceu Zópiro, que foi para Atenas porque desertou do exército dos persas.

---

435. Tucídides assim narra a derrota ateniense no Egito: "o Rei manda o persa Megabizo, filho de Zópiro, com um grande exército; ele lá chegou, numa batalha venceu os egípcios e seus aliados, expulsou os helenos de Mênfis e, por fim, os encurralou na ilha Prosopítida; lá manteve o assédio durante um ano e seis meses até que, esgotando as águas do canal com um desvio, pôs a seco os navios e ligou ao continente grande parte da ilha; fez então a travessia e tomou a ilha com a infantaria. Assim a situação dos helenos arruinou-se depois de seis anos de guerra; muitos poucos homens salvaram-se atravessando a Líbia até Cirene, mas a maioria pereceu". (*História da guerra do Peloponeso – Livro I.*) In: Tucídides. *Op. cit.*

Referências bibliográficas

Obras de referência

BÍBLIA SAGRADA. *Edição Pastoral*. Introdução, tradução e notas Ivo Storniolo e Euclides Martins Balancin. 64. ed. São Paulo: Paulus, 2008.

MALHADAS, Daisi; DEZOTTI, Maria Celeste Consolin; NEVES, Maria Helena de Moura (Coord.). *Dicionário Grego-Português A-Δ*. São Paulo: Ateliê, 2006.

______. *Dicionário Grego-Português E-I*. São Paulo: Ateliê, 2007.

______. *Dicionário Grego-Português K-O*. São Paulo: Ateliê, 2008.

______. *Dicionário Grego-Português Σ-Ω*. São Paulo: Ateliê, 2010.

Edições e Traduções

ARISTÓTELES. *Política*. Tradução, introdução e notas Maria Aparecida de Oliveira Silva. São Paulo: Edipro, (no prelo).

ÉSQUILO. *Tragédias*. Edição bilíngue. Estudo e tradução Jaa Torrano. São Paulo: Iluminuras, 2009.

HERÓDOTO. *Histórias. Livro I – Clio*. Tradução, introdução e notas Maria Aparecida de Oliveira Silva. São Paulo: Edipro, 2015.

______. *Histórias. Livro II – Euterpe*. Tradução, introdução e notas Maria Aparecida de Oliveira Silva. São Paulo: Edipro, 2016.

______. *Os trabalhos e os dias*. Tradução, introdução e comentários Mary Macedo de Camargo Neves Lafer. São Paulo: Iluminuras, 1991.

______. *Teogonia:* a origem dos deuses. Estudo e tradução Jaa Torrano. 3. ed. São Paulo: Iluminuras, 1995.

HOMERO. *Ilíada*. 3. ed. Tradução e introdução Carlos Alberto Nunes. São Paulo: Melhoramentos, 1960.

______. *Odisseia*. Introdução e tradução Carlos Alberto Nunes. 4. ed. São Paulo: Edições Melhoramentos, 1962.

PLUTARCO. *Como distinguir o bajulador do amigo*. Tradução, introdução e notas Maria Aparecida de Oliveira Silva. São Paulo: Edipro, 2015.

______. *Da malícia de Heródoto*. Edição bilíngue. Estudo, tradução e notas Maria Aparecida de Oliveira Silva. São Paulo: Edusp/Fapesp, 2013.

______. *Do amor aos filhos*. Tradução, introdução e notas Maria Aparecida de Oliveira Silva. São Paulo: Edipro, 2015.

______. *Do amor aos irmãos*. Tradução, introdução e notas Maria Aparecida de Oliveira Silva. São Paulo: Edipro, 2017.

______. *Ísis e Osíris. Os mistérios da iniciação*. Tradução e notas Jorge Fallorca. Lisboa: Fim de Século, 2001.

SÓFOCLES. *Antígona*. Introdução, versão do grego e notas Maria Helena da Rocha Pereira. 8. ed. Lisboa: Fundação Calouste Gulbenkian, 2008.

______. *Filoctetes*. Tradução, introdução e notas Fernando Brandão dos Santos. São Paulo: Odysseus, 2008.

TUCÍDIDES. *História da Guerra do Peloponeso – Livro I*. Tradução e apresentação Anna Lia Amaral de Almeida Prado. Texto grego estabelecido por Jacqueline de Romilly. São Paulo: Martins Fontes, 2008.

XENOFONTE. *Ciropedia*. Tradução João Félix Pereira. Prefácio Antenor Nascentes. São Paulo/Porto Alegre/Rio de Janeiro: W. M. Jackson, 1952. v. I.

Livros e Artigos

ANHALT, Emily Katz. "Polycrates and his brothers: Herodotus' Depiction of Fraternal Relationships in the Histories", *The Classical World*, v. 98, n. 2, 2005, p. 139-152.

ARMAYOR, O. Kimball. "Herodotus' Catalogues of the Persian Empire in the light of the monuments and the greek literary tradition", *Transactions of the American Philological Association*, v. 108, 1978, p. 1-9.

CERDAS, Emerson. *A Ciropedia de Xenofonte. Um romance de formação na Antiguidade*. São Paulo: Cultura Acadêmica/Edunesp, 2011.

CHANTRAINE, Pierre. *Dictionnaire étymologique de la langue grecque, histoire des mots*. Paris: Klincksieck, 1971. t. I-II.

CORRÊA, Paula da C. "The Fox and the Hedgehog", *Phaos*, n. 1, 2001, p. 81-92.

EVANS, J. "Notes on the Debate of the Persian Grandees in Herodotus 3, 80-82", Quaderni Urbinati di Cultura Classica, v. 7, 1981, p. 80.

GARCÍA SÁNCHEZ, M. *El Gran Rey de Persia: formas de representación de la alteridad persa en imaginario griego*. Barcelona: Publicacions i Edicions/Universitat de Barcelona, 2009.

IANCU, Liviu Mihail. "Hdt. 3.11 – Punishment, Human sacrifice, Oath, *Symposium*? Ritual Group Cohesion", *Rivista Cicsa*, 9.1, 2015, p. 34.

IRWIN, Elizabeth. "Herodotus and Samos: Personal or Political?", *The Classical World*, v. 102, n. 4, 2009, p. 395-396.

LAÊRTIOS, Diôgenes. *Vidas e Doutrinas dos Filósofos Ilustres*. Tradução do Grego, Introdução e Notas Mário da Gama Kury. Brasília: UnB, 1977.

MUNSON, R. V. "Who are Herodotus' persians?" *The Classical World*, v. 102, n. 4, 2009, p. 457-470.

MYERS, Richard. "La Démocratie chez Hérodote: une étude du débat sur les régimes", *Canadian Journal of Political Science / Revue canadienne de science politique*, v. 24, n. 3, 1991, p. 541-555.

Poesia grega, de Álcman a Teócrito. Organização, tradução e notas Frederico Lourenço. Lisboa: Livros Cotovia, 2006.

TUPLIN, Christopher. "Managing the world. Herodotus on Achaemenid Imperial Organisation". In: Herausgegeben von. Edited by Robert Rollinger, Brigitte Truschnegg, Reinhold Bichler. *Herodot und das Persische Weltreich / Herodotus and the Persian Empire. Akten des 3. Internationalen Kolloquiums zum Thema Vorderasien im Spannungsfeld klassischer und altorientalischer Überlieferungen. Innsbruck, 24-28. November 2008*. Wiesbaden: Harrassowitz Verlag, 2011. p. 39-42.

VIGNOLO, Rosaria M. "Who are Herodotus' persians?" *The Classical World*, v. 102, n. 4, 2009, p. 457-470.

WECOWSKI, Marek. *"L'auxêsis d'Athènes": Heródote, Thucydide et um aspect de l'idéologie athénienne du Ve siècle*. Université de Varsovie et École des Hautes Études en Science Sociales, 2000.

______. "The Hedgehog and the Fox: form and meaning in the Prologue of Herodotus", *Journal of Hellenic Studies*, 124, 2004, p. 144.

ÍNDICE ONOMÁSTICO

Este livro foi impresso pela Prol
em fonte Adobe Garamond Pro sobre papel Norbrite Cream 66,6 g/m²
para a Edipro no inverno de 2017.